民国趣读

老城记

老哈尔滨

中国文史出版社

本书编辑组

主　　编：韩淑芳

本书执行主编：张春霞

本书编辑：牛梦岳　高　贝　李军政　孙　裕

目录

第一辑　中西合璧的建筑，折射出老哈市的独特魅力

第二辑　"东方莫斯科"，满街都是外国人

第三辑　民族工商业，彰显国际商埠的繁荣盛景

第九辑　哈埠风采录，文人眼中的哈尔滨

第一辑

中西合璧的建筑，
折射出老哈市的独特魅力

❖ 李述笑、李婷：万国领事馆

20世纪前半叶，外国驻哈尔滨领事馆（代表部）达20余个。

俄国驻哈尔滨总领事馆于1907年1月14日率先设立，馆址最初设在车站街（今红军街）俄国外阿穆尔军区军官俱乐部（后为东省铁路公司，日伪时期的大和旅馆，现龙门大厦）内，后迁至南岗公司街与花园街交角处新址。1920年9月，中国政府宣布停止驻华俄国公使、领事待遇，俄国驻哈尔滨总领事馆随即关闭。10月1日，在原领事馆址开办了中俄工业技术学校（哈工大之前身）。俄国驻哈尔滨总领事先后为留巴、霍尔瓦特（中东铁路局长兼）、鲍培、特拉乌绍利特（又译陶守德）。十月革命期间，苏俄外交委员会曾电令哈尔滨工兵苏维埃，撤销了特拉乌绍利特总领事职务，工兵苏维埃代表普拉诺夫一度接任总领事。

▷ 俄国驻哈尔滨总领事馆

1922年12月10日，远东共和国驻哈代表部撤销后，苏俄在哈尔滨设立了代表部。波果金首任苏俄驻哈代表。1923年8月波果金去职，苏联全权代表拉基金到任。1924年5月《中俄解决悬案大纲协定》签订后，7月29日苏联驻哈领事馆临时开设，10月5日正式开馆。馆址初设吉林街18号克罗尔楼内，1927年迁入要紧街。原中东铁路界内俄军总司令部址（原俄海军上将高尔察克曾在此盘踞，现耀景街省文联院内）。历任苏联驻哈尔滨总领事为拉基金、吉谢廖夫、格兰德、伊兹买洛夫、列格兰、卡兹洛夫斯基、梅里尼柯夫、希马诺夫斯基、拉瑟伊德、维希连柯等。

▷　苏联驻哈尔滨领事馆

美国驻哈尔滨总领事馆于1907年1月21日设于南岗东大直街与花园街中间区段的新买卖街（后称义洲街，现奋斗路）上，馆址在原南岗公安分局附近，20年代后迁至东大直街102号，位于阿什河街与吉林街之间。弗雷德·费希尔、顾临、梅诺德、金经斯、翰森、索克斌、托马斯等先后任美国驻哈尔滨领事、总领事。

▷　美国驻哈尔滨总理事馆

　　日本驻哈尔滨总领事馆设立于1907年3月4日，馆址初建于南岗新买卖街与花园街交角处（现花园小学校址），1936年迁入车站街原南满铁道株式会社哈尔滨事务所址（现哈铁公安处）。历任日本驻哈尔滨总领事为川上俊彦、本多熊太郎、佐藤尚武、佐佐木静吾、松岛肇、山内四郎、天羽英二、八本元八、大桥忠一、森岛守人、鹤见宪、久保田贯一郎、冢本毅。

▷　日本驻哈尔滨总领事馆

　　法国驻哈尔滨领事馆于1907年5月18日开馆，初设在吉林街与齐齐哈尔街（现龙江街）中间区段的东大直街上，20年代后迁齐齐哈尔街路东39号。1925年法国领事馆升格为总领事馆，1931年定为一级领事馆，1947

年关闭。先后担任领事、总领事的有彼列斯克、罗梅诺、兰达斯、里必烈（李毕丽）、勃朗特、普伦敦、雷诺·路易、莱尔堪·懦里等。

▷ 法国驻哈尔滨总领事馆

英国驻哈尔滨领事馆设立于1911年，馆址初设在东大直街与铁岭街交角处，30年代初迁车站街（现黑龙江省新时代公司）。历任英国驻哈尔滨领事有义思德、斯拉依、康斯、柏达（波德）、菲利普、卓乃斯等。

▷ 英国驻哈尔滨领事馆

德国驻哈尔滨领事馆设立于1909年8月21日，馆址最初在道里江沿，1910年迁南岗车站街，后迁花园街与阿什河街交角处37号（现省体委址）。"一战"期间，德国驻哈领事馆一度关闭，1920年7月恢复，1923年升格为总领事馆。历任领事、总领事为道弥尔、汉斯、梯格斯、格里赫、斯托勃列。

▷ 德国驻哈尔滨总领事馆

　　荷兰驻哈尔滨领事馆建于1910年1月，馆址在道里警察街（现友谊路）上。1922年7月12日荷兰领事馆暂行撤销，由英国领事馆代行交涉事宜，1926年恢复开馆，馆址迁炮队街（现通江街）45号，30年代馆址再迁水道街10号（现兆麟街），即与田地街交角处，领事万道叶。

▷ 荷兰驻哈尔滨领事馆

　　丹麦驻哈尔滨领事馆初设于1916年，由俄国领事特拉乌绍利特（陶守德）代行领事职务。1919年3月丹麦驻哈领事雅柯勃松（又译雅国先）到任视事，并授权代理俄国领事职务。1920年丹麦领事馆在道里田地街20号（现市文联办公楼址）辟新址开馆，领馆于1946年关闭。姚根深、乔金逊、布克等曾先后任领事。

▷　丹麦驻哈尔滨领事馆

意大利驻哈尔滨领事馆设立的确切年代不详。1920年时馆址设在南岗庙街（现建民街）吉别洛·索科大楼（现省电力幼儿园）内，这位著名的工程师吉别洛·索科便是意大利首任驻哈领事。馆址后迁车站街，又迁吉林街与夹树街（现民益街）交叉处，30年代再迁南岗松花江街（现省广播电视厅招待所）。继吉别洛·索科之后出任领事的有费拉依奥罗、马菲。

▷　意大利驻哈尔滨领事馆

《外国驻哈尔滨领事馆轶事》

❖ 乔谷：神秘的圣尼古拉大教堂

美丽的北方城市哈尔滨，在我国诸大城市中是最年轻的，城市的历史刚刚80多年，但它却以其独特的风格给人留下深刻的印象。美丽的太阳岛、迷人的松花江、古老而又华丽的法俄式建筑……这些构成了哈尔滨的主体。

▷ 圣尼古拉大教堂

在那些数不清的建筑中，有一座给哈尔滨人印象颇深的建筑，这就是位于哈尔滨市最高点，博物馆广场的圣尼古拉大教堂（俗称喇嘛台）。这座教堂是经俄国沙皇批准的两座相同的教堂之一（另一座建在莫斯科），1899年10月13日动工修建。1900年12月18日举行竣工"祝圣"仪式的巍峨庄严的东正教大教堂，是新中国成立前哈尔滨八景之一。这座具有俄罗斯独特风格的、精致的古哥特式八面体木结构建筑，以其艺术形象的雄伟、简朴与庄严，外部体形有机的统一，轮廓的生动端正，形式和细部的雅致，以及绝美的比例，使其成为世界建筑的卓越作品之一。这座教堂的帐篷顶形状无疑是受俄罗斯木结构帐篷顶的影响。它醒目的尖屋顶形式，和北方的自然景色，周围的建筑群非常调和。这座五个帽顶的帐篷顶教堂，和那多变的造型，别致的钟楼，精美的台阶，雕花的窗子，堪称庄严雄伟。从其艺术造型之美和镶嵌精致纤巧方面来看，也是世界稀有的。

这座古建筑，屹立在哈尔滨中央制高点，与周围的博物馆、体育场等建筑群浑然一体，互相映衬，构成了美丽哈尔滨的特殊景色，不仅美化了环境，而且在人们的心中也留下了深刻的印象。每当夜静更深，喇嘛台钟楼的钟声清澈悦耳，方圆几里都可闻。

《喇嘛台被毁目击记》

❖ 朱世朴：拜占庭风格的圣母帡幪教堂

坐落在南岗区东大直街五十四号的圣母帡幪教堂，是中华东正教教会、哈尔滨教会教堂，建于1930年，属拜占庭式的建筑，占地3000平方米。该教堂又称圣母守护教堂，其建成，一度由乌克兰人守护，因而又被称为乌克兰教堂。原先这里有座木结构的教堂，圣母帡幪教堂就是在原址建立起来的。

论年代，它在哈尔滨东正教堂史上，属中晚期，论规模，属中等类型。然而，由于在哈尔滨建筑群中，属于不可多得的拜占庭式教堂而弥足珍贵；也因为当年它是埋葬中东铁路要员的"俄罗斯旧墓地"的守护教堂，而被信徒们所尊崇，也为世人所熟知。

教堂建筑图纸，原是俄罗斯建筑师吉塔诺夫攻读建筑学时的毕业设计。后来，由于吉氏在建筑设计上名气日高，这份图纸遂被中东铁路当局采用，并出资于1930年建成。

▷ 圣母帡幪教堂

　　吉氏的设计仿效了土耳其伊斯坦布尔的圣索菲亚大教堂。圣索菲亚大教堂建成于公元437年，距今已有1450年的历史，是世界教堂建筑群中的佼佼者。如今，圣母帡幪教堂在哈尔滨古今中外不同风格建筑鳞次栉比的大直街上，也成了不可多得的拜占庭式建筑艺术的代表，可与其他风格建筑相媲美。

　　拜占庭艺术风格，就是形成于罗马帝国已经分裂，但基督教尚未最后分裂的时期，它是拜占庭帝国和基督教会相结合的艺术。其风格特点是罗马晚期的艺术形式和小亚细亚、叙利亚、埃及为中心的东方艺术形式相结合，具有浓厚的东方色彩。

　　圣母帡幪教堂建筑物的中央，是一个宏大的拱状穹窿，犹如苍天上覆。穹窿覆盖的圆形帷幔式墙壁上，有十二洞花窗，镶嵌着由深浅各异的彩色玻璃构成的十字架图案，借以采光。穹窿的圆周，切落在建筑物中层的一个正方体上，圆周与正方体相切的四角上，各有一座由小穹窿覆盖的六面体小塔，塔顶各有一个银色十字架，与中央穹窿上的正教特有的两横一斜一大竖的巨型十字架，形成了一主居中四方恭举之势。再加上后伸窑殿，前接钟楼，使整个建筑物坐落在一个南北向的巨型十字基础上，显得异常庄严凝重，又颇具神秘色彩。

正门开在耸立的钟楼下侧。拾级而上，步入大堂，阳光透过彩色玻璃从穹窿洒下，与东西两墙的大玻璃窗射入的光线交相辉映。十二根通天圆柱，依墙分列，加强了大堂内的深邃感。迎门左侧是巨大的十字架，上面安放着耶稣受难的苦像。圣画像依次排列，"圣物"顺势铺陈；现代化的吊灯、壁灯光彩熠熠，古色古香的油灯、烛台，闪烁着幽幽明明的佛临型光苗，不禁使人颇有点进入了宗教艺术世界之感。它把古今中外的灯具和古代、现代的光亮以及绘画艺术巧妙地糅合在一起，缤纷的色彩，使你浮想联翩，甚至产生置身于天国圣境的幻觉。

大堂的纵深处，横列着以象征高贵的紫檀色为基调的画有圣像的巨型屏风式隔断。这里就是常人不得涉足的"圣所"的"天门"所在了。每逢"圣事"，掌院司祭开启"天门"，拾级而上，进入"圣所"为信众诵经祈福。

▷ 圣母帡幪教堂左侧墓地

"圣所"处于教堂内的最高处，这里是一块"至圣宝地"。"天门"两侧，各设一张坡型小桌，迎门居中处是一张方形高桌，上敷紫缎，被称为

"宝座"。宝座上恭放着一卷厚厚的十六开精装《福音经》，经书下，压放着凡开放的东正教堂不可或缺的"圣物"——"代案"。宝座正中处是"七星宝灯"照耀的"圣龛"，龛内供奉着"圣体"。宝座左右两侧，耸立着高大的十字架。正面山墙上，是巨幅的以光芒、红幡为背景，接受天使祝福的"主复活圣像"。

整个圣所覆盖在窑拱式的天花板之下，由于上面镶嵌着36块陶质反响板，在这里发出的声音，可以折射到整个教堂的每一个角落。每逢礼拜节日，掌院司祭朱世朴在这里诵经，祈祷，为世人祝福。

圣母帡幪教堂左侧，原来是一片坟地，是1897年由中东铁路当局设置的。这里曾埋葬过中东铁路第一次勘察队的工程师斯渥尼金，铁路建筑局显赫人物谢尔科夫公爵的家属及其他文职人员和俄国护路队镇压义和团起义以及日俄战争时毙亡的将士。

坟地上最早建有一处造型别致的木结构小祈祷所，高约两米，临街设门，三面镂空，内设圣母像和烛台。由于这里坟头日多，四时八节谒陵祈祷者日众，铁路当局又在1922年建造了一座较大的木结构教堂，这就是现今教堂的前身。因为这座教堂是为守护建造中东铁路、镇压义和团和日俄战争时期的亡灵，所以我们说，圣母帡幪教堂一方面是教堂建筑艺术上的一颗明珠，同时也是沙俄侵华的历史见证。

埋葬异国亡灵的旧墓地，因城市建设规划的需要，已于1958年全部迁出，惟余当年建造的那座风格别致的小祈祷所，尚在原地供游人抚今追昔，遥想当年。

圣母帡幪教堂正门两侧分列着两口大钟，也是劫后幸存的圣物。大的一口重2600市斤，是1899年在莫斯科浇铸的，不远万里运到哈尔滨。圣母教堂开放时，掌院司祭朱世朴四处寻访，从一个工地上把它抢救了回来。今天陈列在堂内的许多"圣物"，大都是司祭风尘仆仆四处寻找回来的。

《圣母帡幪教堂》

❖ 李述笑：圣母领报教堂

▷ 圣母领报教堂

圣母领报教堂，又译圣母报喜教堂，位于警察街（现友谊路），是北京传教士团哈尔滨代表部所在地，初建于1903年。1918年2月，一场大火将原木结构教堂焚烧殆尽，5月又建一临时教堂。1930年9月1日第三次修建砖混结构新教堂，1940年9月14日举行竣工祝圣仪式。该教堂为图斯塔诺夫斯基设计，呈拜占庭式风格，可容纳1200人，被称为"远东最宏伟、最壮观的教堂"。

《俄国东正教哈尔滨教区和哈尔滨东正教堂述略》

❖ **李述笑：**庄严雄伟的圣索菲亚教堂

▷　圣索菲亚教堂

　　圣索菲亚教堂，位于道里水道街（现兆麟街）。它的前身原来是南岗懒汉屯一带的俄军第四东西伯利亚步兵旅的木结构随军教堂，1907年3月由哈埠巨商契斯恰科夫出资将其移至水道街。1912年11月，契斯恰科夫又出资重建砖石结构教堂。1923年10月14日，索菲亚教堂第三次重建，1932年11月25日落成。该教堂为奥斯科尔科夫设计，可容2000人做礼拜。1934年，哈尔滨符拉季米尔神学院曾设在这里。

《俄国东正教哈尔滨教区和哈尔滨东正教堂述略》

❖ 李述笑：军官街伊维尔教堂

1908年，哈尔滨建了两座伊维尔教堂：一座位于道里军官街（现霁虹街），是由俄国驻我国东北外阿穆尔军区修建的，是为在义和团运动和日俄战争中毙命的俄军将士亡灵祈祷的教堂。该教堂气势磅礴，五个大小不一、错落有致的球形尖塔直耸云天，十分壮观。其首任住持为随军司祭勃拉杜昌，助理教务主教季米特里、活兹涅辛斯基、大主教涅斯托尔等也在这里主持过圣事。它附设的"六翼天使"食堂和"亚斯里"托儿所当年很有名气。

▷ 军官街伊维尔教堂

另一座伊维尔教堂坐落在王兆屯懒汉街，1922年被焚，后在铁路用房临时设堂，1946年迁斯拉夫屯（现发电厂一带）文录街。

《俄国东正教哈尔滨教区和哈尔滨东正教堂述略》

❖ **李述笑：**喀山圣母男子修道院

▷ 喀山圣母男子修道院

喀山圣母男子修道院，原为大司祭尤维纳里根据大主教麦佛季的建议在松花江江心岛上创建的，后因种种不便迁入市区。修士们在克特科维茨农场度过近一年的修士生活。1924年8月，在铁路地亩处处长关达基的帮助下，修道院在马家沟定址奠基，动工修建，年底落成。它坐落的街道遂被称为十字街。后来又陆续扩建，修筑钟楼，接侧祭坛，辟果树林，设立医院，规模不断扩大，占地达5000余平方米，修士至45人，被塞尔维亚教廷授予一级修道院称号。1936年，修士大司祭尤维纳里调北京传教士团，修道院院长由前维也纳教区主教瓦西里·巴甫洛夫斯基继任。

《俄国东正教哈尔滨教区和哈尔滨东正教堂述略》

❖ 李述笑：营部街的慈心院

▷ 慈心院

　　慈心院1927年建于马家沟营部街，是堪察加彼得罗巴甫洛夫斯克教区大主教涅斯托尔创办的。该院附设有圣母悲哀教堂、尼古拉二世和塞尔维亚亚历山大大公纪念教堂。1945年哈尔滨教区归属莫斯科正教会后，这里遂成为教务委员会所在地。

《俄国东正教哈尔滨教区和哈尔滨东正教堂述略》

❖ 金双平：哈尔滨火车站

19世纪末，在俄罗斯建筑中，从西方渗入摩登主义的影响，其特征是建筑线条和建筑形式的相对严格，倾心于大玻璃窗的表现形式，1903年建造的哈尔滨火车站成为典型的摩登式建筑之一。

▷　哈尔滨火车站

提起哈尔滨火车站，不能不使人回忆起它的一段往事：1899年8月，中东铁路开始建设南部支线（哈尔滨—旅顺），同年10月，开始向南部铺轨，在现在哈尔滨站行李房的地址设立分岔车站，临时搭起一座小房子，作为站长办公室及电报室和行车人员休息室，中国百姓称之为秦家岗站。1901年又修建一栋砖木结构站舍（即哈尔滨站第一站台南端的旧房舍），在其中设置了旅客候车室等。随着铺轨工程的完成，沙俄为把哈尔滨建设成为中东铁路的枢纽车站，决定建筑哈尔滨正式站舍，这座建筑物的设计是在俄京完成的，外部装饰是由哈尔滨中东铁路工程局完成的，1903年开工，1904年底旅客候车室即转入新站舍，以后由于客运量的增加，这个站舍又增建了贵宾室及四等候车室等。哈尔滨火车站以它图案性、装饰性和建筑形体错综变化的建筑风格闻名于世。

《南岗区早期部分建筑风格琐谈》

❖ 金双平：圣母安息教堂

▷ 圣母安息教堂

哈尔滨市有很多教堂，南岗区教堂建筑的数量和精美都居全市之首。像1908年修建的圣母安息教堂（又称圣母升天教堂），它是由中东铁路管理局出资和教徒捐款修建的，位于东大直街俄人墓地（现文化公园内）。它和圣尼古拉大教堂遥遥相对，该教堂虽规模不大，但造型别致小巧，以其严肃的全白色墙面和简洁的外部轮廓，精致的装潢，恰当的比例，绝妙的全貌，体现了完美的形象和气氛。

《南岗区早期部分建筑风格琐谈》

❖ 金双平：阿列克谢耶夫教堂

阿列克谢耶夫教堂，位于南岗区教堂街（今革新街），原是俄军设在公主岭的随军教堂，日俄战争后迁到哈尔滨护军街一带，后迁东香坊，1912年再迁到马家沟，建成木结构教堂。1931年，在原木教堂附近又修筑了如今见到的这座引人注目的砖石结构新教堂。

▷　阿列克谢耶夫教堂

南岗区还有其他的教堂，有的是高高的尖塔，有的是美丽的穹顶；用各式各样的装饰品镶嵌，精工细雕；用各种颜色装饰，鲜艳绮丽。在南岗区早期建筑中，教堂是引人注目的，也正是由于这些教堂和整个早期建筑群的融合构成了北陲小城肃穆的美，这显然是哈尔滨市别于其他城市而独有的特征。

《南岗区早期部分建筑风格琐谈》

❖ 金双平：哈尔滨铁路局办公大楼

▷ 哈尔滨铁路局办公大楼

造型雄伟的行政办公建筑的代表作是坐落在西大直街的，闻名中外的"大石头房子"——哈尔滨铁路局办公大楼（原中东铁路管理局址）。它是一座以精制加工的方整料石贴面，唯我独尊的巨大俄罗斯式建筑。

这座Ж字形建筑，分前楼、后楼、中楼、左楼、右楼，既是有机的整体，又分割成六个独立单元而存在，作为行政办公的功能分区明确而又互相联系方便。正面以加工的绿色调花岗岩装饰，正门两侧建筑了拱形大过门，由此进入便是植有树木和草被的幽静庭院。这座石建筑，1902年4月开始修建，1904年2月竣工，1906年又重建过。这座雄伟的办公建筑，不仅立面造型独特，平面功能巧妙，内部的装修也是十分考究的。由于该建筑退离规划线64米，楼前布置绿树成荫的庭院花园，使得这座20世纪初的建筑为城市增添了浓厚的地方色彩，是新中国成立前哈尔滨有名的八景之一。

《南岗区早期部分建筑风格琐谈》

❖ 金双平：为护"龙脉"修极乐寺

极乐寺为黑龙江省建立时间较早的规模最大的佛教寺院建筑群，在地方宗教史上占有重要地位。1921年，由当时中东路护路军司令兼东省特区长官朱庆澜发起筹款修建，1924年7月落成，第一任方丈为佛教天台正宗第四十四世倓虚法师。

极乐寺坐北朝南，为长方形院落，分主院、东院、西院三部分，占地26000平方米。主要建筑分布在南北中轴线上，有牌坊式山门，青砖砌成弧形券门门洞，进山门，东有钟楼，西有鼓楼。主建筑分四重大殿，天王殿是寺内第一重大殿，殿内正中塑弥勒佛，为铜质五尺坐像。大雄殿是寺内的主殿，殿内正中塑佛祖释迦牟尼，为铜质八尺高坐像。大雄殿之后为三圣殿，殿中塑阿弥陀佛，为铜质八尺高站像。

三圣殿之后有砖木结构二层的藏经楼，楼内藏有清朝雍正年间的《龙藏》佛经丛书。现任方丈慈法大师访问香港带回来的倓虚法师舍利，也安放在这里。

极乐寺落成后，由敬朗和尚发起，募捐修成极乐寺塔，寺塔系八角七层楼阁式砖塔，高达30余米，各层均有佛教壁画，塔内原雕塑着恶人死后下十八重地狱的情景，塔外各层塑有生动的罗汉浮雕30余尊。东西各设两塔式钟鼓楼，塔前连接地藏殿，塔内有木梯，殿塔相通。这种塔殿蝉联布局方式，塔身的局部构件和装饰还糅进了一些西方建筑的做派，别具一格，为国内所罕见。

▷ 极乐寺

关于寺塔，还流传着一段有趣的传说：美丽的松花江畔，江堤犹如长龙卧在岸边，被称为"龙脉"，而沙俄的坟地恰恰霸占了"龙脉之首"的位置，哈尔滨市民对此深为痛恶，为护"龙脉"，镇邪气，募捐修了这座宝塔。这个带有神话传奇色彩的传说，从一个侧面反映了哈尔滨的人民群众对沙俄侵略者的愤懑和抗争。

《南岗区早期部分建筑风格琐谈》

❖ 高慧敏、董韶华：雄伟壮观的哈尔滨文庙

哈尔滨文庙坐落在哈尔滨市南岗区南通大街和宣化街交叉点上的文庙街，即哈尔滨船舶工程学院院内。它始建于1926年，建成于1929年，是由当时东省特别区行政长官张焕相，继任行政长官张景惠倡导、实施，由中外人士和政府募捐集资73万多元（银圆）修建的。

▷ 棂星门

　　哈尔滨文庙是按大型祭孔仪式的规格设计建造的。它以大成殿为中心，南北形成一条中轴线，左右东西庑对称配列殿前为城门，殿后为崇圣祠。大城门再往前是棂星门。和棂星门相呼应，有东西两座牌楼，东牌楼额联为"德配天地"，西牌楼额联为"道冠古今"。在东墙前部开凿了泮池，引泮池水向西，穿过泮桥（又称"状元桥"），从西墙前部流出。每到举行祭典的时候，这里迎神有橱，宰牲有亭，盥漱沟涮有室，焚烧祭品有场所，储藏祭品乐器有仓库，可以说祭祀所需一一齐备。整个文庙周围有红墙环绕，院内栽植了青松等名贵树木花草。文庙建筑物的彩绘也很有特色。它不仅使用了传统的旋子彩绘和苏式彩绘，还采用了清代创造的和玺彩绘。这种彩绘构图繁密，大面积沥粉贴金，即所谓金线大点金，施以彩绘的高大古建筑群掩映在青松、花草和红墙之中，显得更加雄伟壮观，金碧辉煌。

　　哈尔滨文庙共有三进院落，占地23000多平方米，建筑面积3750平方米。它不仅为大型祭孔活动准备了充裕的条件，而且"庙基有余"，为以后"别建乡贤名宦祠"奠定了基础。竖立在第一院落东庑南侧的"无字碑"，也许是为此所用吧！

为了方便对哈尔滨文庙形制的了解，下面将主要建筑一一略述。

棂星门，也叫先师门，是孔庙的第一道大门。

棂星，即灵星。据《后汉书》记载，棂星，就是天田星。过去皇帝祭天时，先要祭祀灵星。孔庙设棂星门，是说尊孔如同尊天。

以"棂星"命名，大致有两方面的含义：一是说孔子及其弟子都是星宿下凡的天才；二是表示天下的文人学士集学于此。

棂星门，位于文庙的第一进院。四柱三间三楼，顶覆黄瓦，斗拱交错，彩绘精美，绚丽华贵。

值得注意的是，这里采用了只有皇家建筑才能使用的和玺彩绘。和玺彩绘是彩画中等级最高的一种。在构图上，额枋各部位用锯齿形线条分段，当中的一段为枋心，左右两端名为箍头，里面靠驻枋心者名为找头。各主要线条均沥粉贴金，金线之一侧衬白粉线，同时加晕。各构图部位内的花纹也沥粉贴金，并以青、绿、红等底色衬托金色图案。整组彩画图案以各种姿态的龙为主体，青绿底枋心内画"二龙戏珠"，找头青底画升龙。各种龙的周围均衬云气、火焰，以示祥瑞和神威气氛。

古今中外都有在石上镌刻文字作为纪念物或标记的传统。人们还习惯把长方形的刻石称作"石碑"，把圜首形的或在方圆之间，上小下大的刻石叫作"碣"。"石碑"在我国始于秦，至东汉以后得以普及，渐有碑颂、碑记、墓碑等，因以纪事颂德，形制也有了一定的格式。今西安、曲阜等地都保留有大量的石碑，称之为"碑林"。哈尔滨文庙内现仅存三块石碑。

第一院东庑南侧竖立着一块碑阳、碑阴一字皆无的碑，暂称"无字碑"吧！这块碑究竟准备做何用？至今无据可查。揣测起来也许有这样几种用途：一是前面提到的为将来"别建乡贤名官祠"时镌刻碑文；二是留给后人为创建文庙者歌功颂德；三是作为状元题词的一种象征；四是由于当时战争（1931年9月18日日本入侵）紧张，没来得及刻石记事……总之，这块石碑有待于进一步考证研究。

文庙二院东、西两侧各耸立着一座由传说中的龙子之一的"赑屃"驮负着的大型石碑。通高551厘米，碑额为"四蛟盘石"，碑身阴阳两面共雕刻有二十四条蛟龙。碑座是巨型汉白玉石雕成的"赑屃"。下有水盘，四角漩涡中刻有鱼、鳖、虾、蟹四种动物。传说"赑屃"这位龙子生活在海里，形似龟，力大无比，善负重。中华民族的碑恐怕多是由它驮负的吧！此庙这位"赑屃"与众不同，它少龟形而多龙气，可谓别开生面。

东侧石碑的碑额上镌刻着"文庙碑记"四个篆字。碑阳上刻着著名的爱国将领，当时任东北边防司令长官（易帜后任职，原为东三省保安总司令）张学良将军于1929年11月为哈尔滨文庙落成撰写的《哈尔滨文庙碑记》，由杭州钱拯敬书，北平陈云亭刻石，属欧体阴刻。碑阴无字。张学良将军在仅有500余字的碑文中，言简意赅地陈述了修建文庙的用意，他的良苦用心，爱国之情，跃然文中。

西侧石碑的碑阳上刻着当时东省特别区行政长官张景惠撰写的《东省特别区创建文庙碑志》。在近600字的碑文中，记述了修建文庙的始末。碑阴刻有为文庙修建捐募者的名单及捐款额。

《哈尔滨文庙》

❖ 杨广全：阿城清真寺

我生于1916年，在阿城的回族中，我是老户。据我父亲讲：我的祖辈是乾隆三十五年（1770年）随移民从关里迁到阿城（那时叫阿勒楚喀）的。到乾隆四十二年（1777年），回民达到20多户，我的祖辈杨华先便开始筹建阿城的清真寺。

建清真寺需要土地，但当时清政府有一个"旗民不交产"的规定，即满族的土地房产不许卖给汉族或其他民族。为了弄到土地，我的祖辈杨华先和满族人扎拉方关系不错，就以他的名义买了两块土地。一块修清真寺，面积为8000平方丈；一块葬坟茔，面积19000平方丈，共花价银300两。这在《阿城大事纪年表》中有记载，也有当时签订的契约。

这座清真寺经过嘉庆、道光、咸丰三朝才逐步建成。寺内有遥殿、卷棚、南北讲堂对厅、沐浴池和教长、学员宿舍等30多间瓦房和门前影壁，并且东门院外和影壁有木栏相连。

同治五年（1866年），阿城发生了一次马傻子事件（农民起义），五月初九攻入城内，烧毁了清真寺的遥殿和其他一些建筑，只剩下卷棚、对厅和讲堂。同治九年（1870年），阿勒楚喀的副都统德英给清真寺挂了一块匾，匾上的文字是"西域宗风：钦命前署吉林将军原任阿勒楚喀镇守黑龙江将军简放吉林副都统军功花翎加一级纪录一次德英；大清同治玖年岁次庚午清和月毂旦"（此字现挂清真寺大殿正面南侧）。

被破坏了的清真寺，到光绪十六年（1890年）以后又重建了十多年。据我父亲讲，在这期间换了三任教长，重建兴工的教长是刘四阿訇，动工时的阿訇是王殿章，木匠孙玉林，竣工时的教长是杨永庆。那时修复这么大的工程需要很多资金，大部分都是到其他省、县募化的。运木材是动员回民的大车和人工。我父亲讲，建筑清真寺时的大量木材是从东山里用畜力大车拉来的。有一次，拉木材的大车走到东大坡（即现在体育场处）就拉不动了（因为这些松木都有15米长，1米多粗），是刘四阿訇骑马到西岗子回民聚居区去挨家挨户的招呼，叫他们出人到东大坡帮助推车。当时出动了很多人，我父亲也去了。在回民的帮助下，一车一车的木材才拉上东大坡，送到施工现场。清真寺的重修，到光绪二十六年（1900年）才基本完工。

八十多年前重新修复了的清真寺，基本就是现在这样一个规模：有遥殿底层三间（南北长11米，东西宽10米），上面三层楼，顶端有锡鼎，锡鼎上有月牙，总高有20多米；中殿有五间（南北长17米，东西宽8米）；卷棚有三间（南北长17米，东西宽7米）。遥殿、中殿和卷棚都连在一起，室内的实有面积为323平方米。据我父亲讲，开始，建一个什么样的清真寺是经过民众讨论的。当时设计了两个清真寺建筑方案模型：一个是现在建成的这样一个方案，另一个方案也很有特点，不少人也很喜爱。民众讨论的结果，大多数人同意现在建成的这个清真寺方案。而对另一个方案虽然没用，也将它的模型摆在殿内西北角上，作为"民摆勒几"（讲台），一直摆到现在，回民们也不断地对它进行维修。

殿内的正中悬挂一个匾，匾文是用阿拉伯文写的古兰经的开头语，意思是："我凭着大慈大悲主的尊名起"或译成"奉至仁至慈的真主之名"。四根通天柱上也有用阿拉伯文写的对联，译成汉文是主说："安拉——只有他是唯一的主，他永生不灭，把万物治理；困倦不能把他征服，睡眠无法对他侵袭；天地间的一切都归他驾驭，谁能向他替人求情——除非是经过他特许；他熟知他们前前后后的底细，他们不能窥测他的丝毫奥秘——除非是经过他的同意；他的触角包罗天地，执掌天地对他毫不费力。"

现在阿城清真寺的院内，周围有用青砖砌的两米高的围墙，南北长78米，东西宽74米。南北有对称的各五间讲堂；南讲堂的东侧有沐浴室五间，北讲堂的东面是教长办公室和宿舍。正东面对厅三间，中间有正门，两侧有角门。正南还有架子房五间。对厅的对面（院外）有10米长影壁。

《阿城清真寺》

❖ 刘静严：幽雅桃源——遁园

遁园位于哈埠东南郊，距市内约20里，为地计500亩，系现在黑龙江铁路交涉局总办马忠骏氏之私产也。马忠骏氏，字荩卿，辽宁海城县人，现年六十有一。为人器宇轩昂，风神洒落，一生宦海，屡任要职。乙丑秋，将兼任之东省特别区市政管理局长职辞却，遂专任交涉局总办。由来不事生产，而负债甚巨，宦海飘零，两袖清风，仅剩此园以娱暮年，可敬亦复可赞也。

初，癸亥、甲子间，营别墅于香坊之东五里。其地无城市喧嚣之气，有乡村幽雅之风。举凡果园林木、池塘亭榭、茅篱草舍咸备焉。锡曰遁园，自号曰遁园居士。既营菟裘，又筑生圹。其生圹适当园之中心，墓门有高五丈之石碑，阳面镌隶书"遁园居士马忠骏之墓"九字，阴面则刻氏着僧服之肖像。墓窟有三，均为圆形。正中者较大，其内之正面，悬名师精绘该氏着僧服之像，高约七尺，南面悬者，为其次夫人之肖像，东西悬者，为其三四夫人之像，高均四尺。园内之晚稼轩等厅堂，有当代名人法书真迹及名师所绘之像，布置精雅，使人一入其室，即万虑顿清，红尘浊念，倏已飞诸九霄云外矣。氏每日于公余之暇，必莅遁园，僧袍斜巾，隐冠草履，徜徉其间，怡然自得。每值阳春三月，景色尤为宜人，好鸟啼于枝头，游鱼逐于水滨，息足茅舍，品茗野亭，半榻清风宜午梦，一犁好雨望春耕，高情逸致，达人旷怀，幽静之气，诚有足多，羽化登仙，仿佛似之，以视争权攘利之司空见惯，氏可谓当世之空谷足音者。丁卯夏四月，不佞曾一度往游，觉茫茫人海，得此桃源，实不啻清凉快剂也。爰拉杂述其概况，以介绍于读者诸君。

《滨江尘嚣录》

▷　马忠骏旧宅

第二辑

『东方莫斯科』，满街都是外国人

❖ 赵喜罡：俄罗斯人的东方家园

首批来到荒凉的、未来哈尔滨摇篮的香坊地区的俄罗斯人，是中东铁路的勘测队、护路队及大批工程技术人员和修筑铁路的工人。不久这些人的家属也跟随而来，香坊地区打破往日的沉寂，成为修筑中东铁路的大本营和沸腾的小镇。

▷ 大街上随处可见的俄语广告

随着中东铁路的进展，一座新兴城市的兴起，哈尔滨像一块巨大磁石，吸引着抱着淘金热情的人们，各行各业的俄罗斯人及其他民族的人们蜂拥而至。哈尔滨此时已具相当的规模，从香坊地区经新市区（南岗）同埠头区（道里）连接起来。俄罗斯当局将哈尔滨划成12个小区。即老哈尔滨（香坊、上号）、阿列克谢耶夫村（位于原香坊东北侧的小北屯）、戈斯皮塔利镇（王兆屯，为俄军医院地区）、司拉夫屯（文昌街周围）、科尔普斯诺伊（懒汉屯、木兰街以南地区）、萨玛恩内镇（又分新、旧两部，以大直街为界，即沙曼屯，在西大桥以西）、新市区、马家沟（又分东、西马家沟）、新马家沟（戈恩达吉耶夫卡）、莫斯科夫斯基耶兵营（莫斯科兵营，民安街周围）、苏恩加里斯基镇（新安埠、新阳区）、埠头区、奇艾恩赫艾（正阳河，又分新老正阳河，以河洲街为界，以北为正阳河，以南为新正阳河）。

新阳区1918年建立，是为安置十月革命后，大批逃亡来哈的俄罗斯人及小部分其他民族。据史料记载：1918年11月18日，在王兆屯下车的逃亡的俄人多达1018人。

1923年统计，在哈尔滨的俄罗斯人达55959人（其中苏侨25637人，无国籍30322人）。

1930年统计，在哈尔滨的俄罗斯人达81637人（其中苏侨39642人，白俄41995人）。

他们在哈尔滨的分布为文化人、做各种生意的人，富人多半居住在南岗、道里、马家沟一带。养牛户、工人、穷人多居住在正阳河、偏脸子（新阳区）一带。

《哈尔滨俄罗斯人的习俗与影响》

❖ **李述笑、李婷：国际化的大都市**

20世纪前半叶，哈尔滨曾被称为"国际都市"。自1898年始，接踵来哈的有三十几个国家（或民族）的十几万侨民，外国人在这里开办的工商业、金融业数以千计，外国驻哈尔滨领事馆（代表部）达20余个。这一时期是帝国主义和中国封建主义相结合，把中国变为半殖民地和殖民地的时期，也是哈尔滨近代城市迅速形成和发展的时期。

▷ 20 世纪 30 年代中国大街上的外国人

1903 年东清铁路正式运营之前，哈尔滨（不含傅家甸）人口共 44576 人，其中中国人占 64%，外国人占 36%。至 30 年后的 1933 年，哈尔滨已有 38 万人，其中外侨约 8 万，其国籍包括无国籍俄侨、苏联、日本、朝鲜、波兰、德国、美国、英国、法国、捷克、意大利、丹麦、匈牙利、奥地利、罗马尼亚、荷兰、瑞典、希腊、拉脱维亚、比利时、塞尔维亚、印度等。1945 年这里仍居住着 29 个国家的侨民。

《外国驻哈尔滨领事馆轶事》

❖ 艾群：南岗有个老巴夺

哈尔滨人有句民谣："道里、道外正阳河，南岗有个老巴夺。"这说明老巴夺烟厂（即今日哈尔滨卷烟厂）是家喻户晓了。

说起哈尔滨卷烟厂，当初，可不像现在这样，它的演变，大致可分为四个阶段：1904 年创始是一个小作坊，后扩展叫葛万那烟庄；1904 年为英商老巴夺父子烟草有限公司；日伪时期，为满洲中央烟草株式会社；1952年后改名为国营哈尔滨卷烟厂。

20世纪初，中东铁路通车后，有一对兄弟来到哈尔滨，他们是波兰籍的犹太人，哥哥名字全称为伊利奥·阿罗维奇·老巴夺。弟弟叫阿勃拉·阿罗维奇·老巴夺。弟兄二人原是一对普通外侨，来哈靠贩卖俄国烟丝和卷烟为生。

▷ 伊利奥·阿罗维奇·老巴夺

1904年，老巴夺兄弟二人，把多年积蓄下来的钱买了一台手摇俄式造大白杆的卷烟机。这种大白杆烟与其他卷烟有所不同，具有独特风味，它比普通卷烟稍长一些。前半截是烟，后半截是用硬白纸卷成的筒，成为连接一体的烟嘴，当时可堪称一绝。这种烟主要是销往中俄边境，北满和中东铁路沿线一带，很受人们的欢迎。老巴夺兄弟俩开的小作坊，只有七八个中国人，完全是手工操作，地址在现今马迭尔宾馆附近。当时老巴夺兄弟二人发了一笔小财，所以就将小作坊迁到道里中国十三道街着手创办葛万那烟庄。

老巴夺兄弟二人，善于投机和钻营，由小手工作坊发展成葛万那烟庄，这个变化是很快的。他俩除了经营有方外，靠雇用廉价中国的劳动力，主要靠剥削童工，他们每天劳动十三四个小时，但取得的报酬寥寥无几。

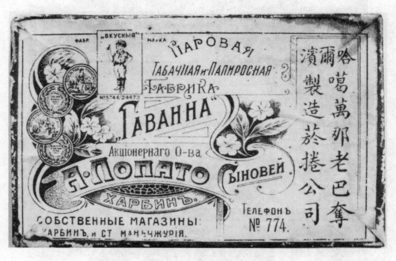

▷　老巴夺烟盒

　　这时老巴夺兄弟二人已成为腰缠万贯，声名显赫的人物了。虽如此，他们还想发大财，想把大白杆烟倾销到国际市场，这需添设备，买进大量原料等，需要很多的资金，怎奈心有余而力不足。最后，想起要同上海的英美烟草公司谈判合资办烟厂。合资后遂将葛万那烟庄改名为"英商老巴夺父子烟草有限公司"，扩大了厂房，在南岗山（现在的一曼街）街，建了四层楼房（即现在的厂址），扩大了生产，增添了设备。厂名虽叫老巴夺，但工厂的总办，一切大权均被英国人篡夺了，他们兄弟二人为理事，主管一个营业部。老巴夺由此逐渐被英美资本控制，他们兄弟俩也逐渐失去存在的必要了。最后，不得不携眷属跑到法国巴黎做寓公去了。1914年，英美烟草公司把老巴夺烟厂大权弄到手后，为了便于掠夺东北的财富，他们又想出了一个招数，把哈尔滨、沈阳、营口三个烟厂划为东北片，以沈阳为中心，领导哈尔滨、营口两地。同时，把哈尔滨的英美烟草公司、永泰和、老巴夺公司三个营处部合并一起，统称为"英商启东公司"，这时老巴夺的股份仅占40%了。

▷ 老巴夺烟厂

　　1937年七七事变后，英美资本家觉得日本在东北的统治稳定了，想进一步扩大烟厂，可以把英商老巴夺父子烟草有限公司的"英商"二字去掉，从而向伪满当局报呈该厂资金350万，这里英国人耍了一个小把戏，目的是怕日本人把烟厂资金吞掉，遂将40%的资金，挂到早已去巴黎的老巴夺兄弟二人头上。其实，老巴夺兄弟俩此时资本不足40%了。日本人也用了一些办法来限制、控制火车皮，限制外汇和原料，这样烟厂没有维持几年，日渐衰落。

《从老巴夺到国营哈尔滨卷烟厂》

❖ 刘以忠：高档奢华的秋林洋行

秋林洋行于1904年在南岗大直街与新商务街（现奋斗路）交叉处破土动工修建商业大楼（即现在的秋林公司址），至1908年9月竣工投用。这是哈尔滨第一个大型百货店开业，轰动了全城，顾客盈门。

▷ 秋林百货店

秋林洋行这栋楼是带地下室的二层楼，建筑面积711方沙绳（俄制，折3236平方米），用现在的眼光看是微不足道的建筑，但在20世纪初却是一栋了不起的宏伟建筑，楼的艺术造型具有欧洲的"巴洛克"建筑风格，古朴优美，受到各界瞩目。楼内设施，在当时也独具风采，因哈尔滨初建市街，大直街还是砂石路，市政公共设施尚未起步，秋林洋行效法欧洲的高标准自己发电，自装暖气和上下水。1906年修建一座发电厂，采用蒸汽发电，容量50千瓦，除供照明和动力外，剩余电力实行商业性供给附近用户照明；

还修建两眼地下70米深的电井、两个大型渗水窖进行排污，供生产和生活使用，这些浩繁工程设施，除发电厂于1929年并入市电业局统一供电外，上下水设施持续使用半个世纪之久而无损，电井用到1955年才改用市政的自来水。秋林洋行20世纪初如此巨大投资，具有深谋远计长久扎根哈尔滨的设想，作为私人资本是稀有商业活动。

▷　秋林灌肠车间

日俄战争之后，1907年（光绪三十三年）清廷应准开放哈尔滨为商埠，欧美各国资本家、银行家和宗教文化人士纷至沓来，开洋行、设银行、办教堂，剧院、报社、学校也相继出现，一个资本主义殖民地社会的高消费阶层日益膨胀，于是秋林洋行突出了高档商品的经营，与欧美市场结成姻缘，欧美潮流商品成为秋林洋行的主流，如英国与波兰的呢绒毛料、法国的五金器皿，美国的食品罐头和裘皮大衣，哥伦比亚的留声机，法国的白兰地酒、香水化妆品等驰名于国际市场的名贵百货，搜罗备至，甚至当时中国不生产的食用精盐也要由美国输进。社会购买力随着人口的剧增而上升，据哈尔滨市警察局统计，截至俄国十月革命前的1916年，在哈尔滨的外国人达4.4万人，占全市人口49.3%。秋林洋行在这个自由竞争的市场，以质优和信誉的优势，赢得了消费者的信赖。

秋林洋行的经营，商业与工业并重。1900年开办红茶加工厂之后，相继开办了葡萄酒酿造、肉肠、卷烟、油漆染料和服装定制加工等工厂，沿用欧洲的传统技术工艺，使用中国产原料制造的产品质量堪与欧洲媲美，曾多次获伦敦、罗马、伯力、中东铁路出口展览会的优质产品金质奖牌，因产品久负盛名，赢得了广阔市场，攫取了可观利润。现今秋林公司的黑加仑果子酒、葡萄酒、大面包以及在市场上独具欧洲风味的红肠、火腿一类品种，无不与早期秋林的传统产品工艺有着渊源。

秋林洋行的经营网络，在欧战（即第一次世界大战）前已扩展到一面坡、吉林、沈阳、齐齐哈尔等东北各地，形成以哈尔滨为中心的商业与工业一揽子经营模式。

1914年第一次世界大战爆发，一向倾销俄国货和畅销欧洲的工业制品，货源中断，商店也因旅居哈尔滨的外国人纷纷出走而萧条，致使秋林洋行的经营陷入困境。继于欧战期间，于1917年11月爆发俄国十月社会主义革命，统治哈尔滨的帝俄势力陷于混乱，疯狂挣扎，滥发货币，物价暴涨，粮油副食和服装从几倍到几十倍地上涨，秋林洋行在货物奇缺、卢布贬值的冲击下招致惨重损失。秋林洋行的店员，因卢布暴跌、生活受到威胁，遂于11月16日全体职工举行罢工，要求增加工资。翌年五一国际劳动节，秋林洋行店员参加全市工人游行示威，在革命与反革命的激烈斗争中，有力地动摇了帝俄以哈尔滨市为中心的殖民统治。当时拥有300万卢布（1卢布约合2银圆）资金的秋林洋行经济实力受到严重地削弱。

秋林洋行早在欧战之前，就投资租定位于道里中央大街与日本街（现西六道街）拐角的房基地段，准备在这个繁华点修建道里百货大楼，后于1916年破土动工，至1919年11月竣工，原在中央大街与西头道街拐角道里秋林商店迁到这栋新楼营业。新楼具有欧洲"巴洛克"建筑艺术造型，楼高三层另带地下室，建筑面积771.5方沙绳（折3512平方米），内部装修豪华，是当时哈尔滨又一个大型的百货店，内设食品、服装、靴鞋、呢绒布匹、文具、化妆品、服饰及儿童玩具等八个售货部，另设服装缝纫工厂，经营规模虽略窄于南岗秋林百货店，但所经营的名贵高档商品与南岗并驾齐驱。新楼开业之后，在旧址开办了一家秋林洋行五金用品商店，专门经营五金钢材、油漆和建筑器材、货物多从美国和德国输进，是当时著名的经营品种最全、规模最大的五金行。

▷ 秋林百货店内部

俄国十月革命后，在俄国具有2100万卢布资本金的伊·雅·秋林无限公司被收为国有，对设在中国的秋林洋行仍保留私人资本所有权，被困在莫斯科的伊·雅·秋林无限公司董事长阿·沃·卡西雅诺夫于1922年获准偕家属和有关股东来到哈尔滨定居，继续经营秋林洋行。这个时期欧洲各工业国已进入战后经济复苏，从哈尔滨出走的欧美商人卷土重来，盘踞哈尔滨的帝俄残余势力已于1921年被中国政府驱逐，收回了市政管理主权。

据哈尔滨警察局公布，1922年末侨居的外国人达19.65万人，占全市人口52%，其中俄国人15.54万人，是俄国十月革命前的4.6倍。外国领事馆到1923年也达15个国家，当时处于衰退状态的秋林洋行，在这一新形势下，重新筹集资金，东山再起，与欧美500多家厂商重建经济关系，专门经营世界闻名的高档商品，包括呢绒毛料、靴鞋衣帽、钟表照相机、乐器、文具书籍、金银饰品、五金器械、餐具日杂、建筑材料、烟酒茶糖、熏鱼、肉肠、火腿、奶酪等，品种之多，质量之好，款式之新，是东北同业无与伦比的，被社会舆论称为百货之王。特别是加强了秋林洋行的工业企业的经营，引进了欧战后新兴技术，更新了卷烟、制茶和灌肠、酿酒等工厂的生产技术装备；新建了"伏特加"酒厂，肥皂和化妆品厂，以优良的产品质量与欧美产品抗衡。其中秋林卷烟厂的经营，因受老巴夺烟厂的刺激，投资20万元巨资，专门生产"带纸咀的俄国香烟"十余种牌号，畅销东北，又出口国外，占有广阔市场，持续经营到1937年停产。

秋林洋行的经营随着社会形势发展进行开发，1925年鉴于十月革命后，定居哈尔滨以北的俄罗斯人增多，以垦荒务农和畜牧为业，拓荒种植兴办农场的也有增加，轻工业和运输业也见兴旺，秋林洋行不失时机地于1925年组建了"工业设备技术部"和"汽车部"，经销德国制造的内燃机、蒸汽机及铁路、电站、榨油、制粉等工业机器设备，经销轿车和载重汽车。继于1926年组建"农具部"，经销美国和德国制造的火犁（拖拉机）和犁、耙等农机具，并附设修配组装工厂和耕种试验场为购户服务。从而使经营结构从消费资料扩展到生产资料，形成以商业为主，兼办工业的前店后厂的特色。

《哈尔滨秋林公司》

❖ 袁学军、方明：业务活跃的外国银行

从1898年沙俄在哈尔滨香坊设立第一家银行——华俄道胜银行哈尔滨分行开始，到1930年哈市共有外国银行33家，其中俄国银行2家、日本银行10家、美国银行4家、英国银行3家、法国银行4家，德国虽未有银行设立，但其企业公司在哈很多，它们依赖英美银行维持。

▷ 华俄道胜银行

沙俄银行。1898年华俄道胜银行在哈尔滨设立分行。1898年5月28日中东铁路破土动工，首先面临的问题就是筑路费的支付和筑路工人工资的发放。为此，华俄道胜银行随即在香坊设立分行，代发筑路工人工资，以条银支付。此后，中东铁路和道胜银行就成为沙俄侵略中国的重要工具，铁路沿线成为沙俄最重要的商品倾销市场。随着俄国在哈私人商业资本增多，俄国资本家以齐连希柯夫和梅姆林为首，分别于1908年、1911年设立

第一、二借款公司，辅佐道胜银行对各私营企业的资金援助。

日本银行。19世纪末期，日本各银行遵照当时驻沈总领事林六治郎"武力只能征服一时，唯有经济渗透方能控制永久"的旨意，以金融渗透为先导，于1899年在东北牛庄（营口）首设横滨正金银行分行。恰逢此时，日本水产品日益衰落，鱼制肥料的价格高昂，而东北盛产粮食、大豆，质量优良，价格低廉，日商就从东北大量输入粮豆。据统计，日本在哈埠设有九家贸易公司，每年从哈埠输出大量土特产品、粮豆。为此，1912年日本在哈设立了横滨正金银行分行，以资助日商在哈的工商业发展和进出口贸易。为了掣肘沙俄的势力扩展，防范沙俄再度南进，日本继续北上在东北各地普设金融组织。1916年7月，日本又在哈尔滨地段街设立朝鲜银行哈尔滨分行。此后，东洋拓殖株式会社、正隆银行、国际运输株式会社、东省实业株式会社等陆续在哈设立。"九一八"事变前，日本在哈尔滨共设有14家金融机构，总行1家，支行13家。

▷ 横滨正金银行

英国银行。1911年汇丰银行在哈设立分行，扶植英国在哈的经济势力。早在1905年，英国的烟草公司就进入哈埠，接着中东制油公司、食料品输出公司、罗巴德父子商会、李德尔兄弟商会、加巴金商会、加典机器组合、欠古司有限公司、英国极东贸易股份公司、亚细亚公司、帝国化学工业中国有限公司等16家，囊括了产业、烟草输入、机械输入、洋油化学工业制品输入及特产品输出等进出口贸易各个方面，业务也很活跃。英商经济势力的扩展，急需信用机构为其提供国际结算服务。

第一次世界大战前，哈埠的金融市场基本由沙俄金融势力独占。第一次世界大战后，俄日英美等国的势力各有消长。沙俄势力受挫，华俄道胜银行处于外强中干的状态，于1926年9月27日自动解散。1918年第二借款公司因行员的大贪污事件，信用低落，被迫关门。第一借款公司受其影响，经营陷于困境，最后以百万卢布的估价转让给道胜银行。然而，英美势力急剧扩张，新出现的苏俄国家也涉足哈埠。自此，哈埠的金融市场一改由沙俄独揽金融大权的局面，变为日、英、美三足鼎立的金融市场势态。

▷ 汇丰银行

英国虽因"忙于战争，无暇东顾"，但它凭借过去借给中国政府的政治性贷款，资本势力基本没有撤去。第一次世界大战后，英国依恃过去在中国资本侵略的雄厚基础，迅速卷土重来，除加强在哈的汇丰银行势力外，1926年在哈设立英满投资交易公司，专门从事投资事业，1929年又设立麦加利银行哈尔滨分行。

美国银行。美国在第一次世界大战中成了战争的暴发户，战后趁英、德、法等国创伤未愈，纷设大小银行于我国各大商埠。1919年，花旗银行在哈设立分行，投下资本20万美元。此后，中华懋业银行、美国通商银行、信济银行等相继设立，直接扶助美商在哈开办的企业公司和各种商会，从事汽车及其附属品的输入和毛皮、矿产、粮豆的输出。在20年代中后期，花旗银行与汇丰银行即成为"哈市金融界的双璧""势力最为雄厚者"，尤其在国际贸易结算和投资事业方面堪称佼佼者。

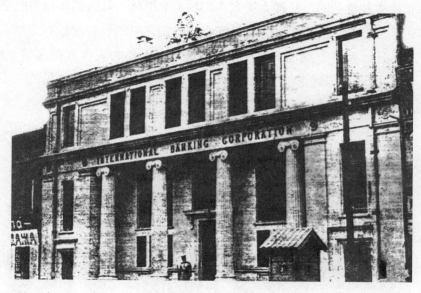

▷ 花旗银行

除此之外，法国的法亚银行、中法实业银行，及后来苏联国家银行，如远东银行、远东借款银行、犹太国民银行、环城银行、协和银行等纷纷涉猎哈尔滨。

《在哈尔滨的外国银行》

❖ **赵喜罡:** 历史悠久的犹太商家

马迭尔旅馆历史悠久,1905年开始经营,现坐落在中央大街的建筑是1913年建成并营业的,经理为犹太人约瑟·卡斯林。马迭尔旅馆属巴洛克风格,是昔日哈埠最高级、功能最齐全的旅馆,它的经营项目有旅馆、餐厅、咖啡厅、台球、剧场、舞厅等,昔日不少重要的人物曾在这里下榻。1932年5月9日,国联李顿调查团抵哈并下榻于此旅馆。中国人民的老朋友斯诺,于1933年也住过这里。

马迭尔服务周全,烹调技术是一流的,出售正宗英、法、俄式大菜。

▷　马迭尔旅馆

马尔斯餐馆,位于哈尔滨中国大街36号(现华梅餐厅址)。这家餐馆是由俄籍犹太人初基尔曼于1925年开办的。最初经营俄式点心,最为著名的是甜馅饼、蛋糕、各种甜面包及不同大小和形状的列巴圈、赛克等，在圣诞节或复活节则供应各种风味的高桶面包（古力气）。此外，还出售各种精美的糖果、饮料（歌瓦斯）等。

自1931年后扩大了店面，增添了俄式正宗大菜，一次可接待400人。摆台服务员竟达10余人，服务员仪表高雅，服务周到热情，以俄语接待顾客。

1946年，经理初基尔曼去了上海，马尔斯餐馆停业。

▷　马尔斯餐馆为左侧第二个平房建筑

麦伊齐恩兄弟面包铺。这家铺子在昔日的哈埠颇具影响，它的点心供应哈尔滨许多家饭店、旅馆和商店。可以按顾客的订货要求生产各种面包、点心和糖果。运送面包的车子是马拉四轮车，面包装在一个大箱子里，骑手坐在箱子前头。该面包点心铺坐落在大安街24号。

密腻亚救尔点食铺。这家点心铺是由犹太人兹玛努伊尔·阿纳托利维奇·卡兹，于1926年在中国大街93号开办的（现哈尔滨摄影社址）。主要经营传统的莫斯科风味，人们喜欢光顾这里并品尝美味的点心和糖果及咖啡。备有早中晚三餐，配料考究，风味独特，价格低廉。名厨李邦庆制作的鸡排骨、糖花，颇有名气。

▷ 密腻亚救尔点食铺

　　同年他们又在太阳岛开设了一个分店，是一座木质结构的二层楼，设计精巧，融于自然，这里可容纳200人同时进餐。

　　1939年，当时经理布列斯与中国人经营义顺分店合营，扩大了经营规模，并改名为"维多利亚"。

　　普利玛理发店是由阿·什纳伊杰·尔玛恩1906年创办的（位于南岗大直街），业务范围为男女理发、化妆、做发等。伊特基纳犹太理发店（市场街）经营男女理发、电烫、美式烫、做发、染发、修指甲等服务。哈尔滨的犹太商家还有勒·卡普鲁恩美容店、姆·格·戈利德什捷伊恩美容店和伊·特·克列麦尔成衣铺、亚·普·乌斯图普成衣铺等。

《哈尔滨的犹太人》

❖ 李述笑：才华横溢的俄侨美术家

在不同时期，哈尔滨侨居了一批才能卓越的美术家，如阿·斯捷潘诺夫、格·戈林贝尔格、阿·克列缅捷夫、米·洛巴诺夫、尤·斯米尔诺夫、伊·维尤诺夫等。他们中大部分是毕业于彼得堡、莫斯科或奥德萨高等美术学校的学生。正是他们和他们勤奋敬业的精神，巧不可价的才华，精彩丰富的作品使哈尔滨在西洋美术传入中国过程中发挥了重要的作用。

首先我们要介绍的是著名的阿·尼·克列缅捷夫。此人毕业于奥得萨美术学校，后又在彼得堡从师大名鼎鼎的伊·叶·列宾学画油画，然后又去德国慕尼黑、匈牙利深造，在阿什贝教授和霍尔罗什教授指导下绘画水平不断提高。他在彼得堡工作生活了20年，作品经常发表在《涅瓦》等画刊上。1914年后当过沃木斯克艺术学校校长，还在符拉迪沃斯托克师范大学任过教，十月革命后来哈，创办画室，从事美术教育工作，培养了一批又一批美术人才。阿·尼·克列缅捷夫不仅是著名油画家，而且是杰出的美术教育家。他毕生培养了无数的学生，其中很多人成了著名画家。他的儿子由哈尔滨去法国深造，在马赛美术学院毕业时荣获过金奖。我国著名作家、翻译家、画家、《世界文学》主编高莽当年就是他的学生。

据《亚洲之光》（俄文）1944年第2期载，阿·克列缅捷夫艺术学校举办了一次青年美术家画展。参展的学生有阿·阿贝什金娜等8人。画展展出了上百幅油画，其中托克马科夫的《农夫》，拉乌特曼的《失宠的贵族》，布雷切娃的《向日葵》和珂贝什金娜的《八杂市》等贴近生活，技法高超，深受好评。尤为使人兴奋的是，笔者在参展青年画家名单中发现了两名中国青年学生的姓：宋与陈。宋，不就是宋毓枏——高莽先生的原姓名吗？据高莽先生的回忆，他17岁那年参加的画展正是这次青年美术家画展。他的《自画像》《爷爷的肖像》和《牧童赶牛》已展示了画家的艺术天赋。

　　提起阿·叶·斯捷潘诺夫，当年的哈尔滨文化界无人不晓，他1894年生于莫斯科，1915年毕业于莫斯科绘画雕塑建筑艺术学校，第一次世界大战爆发后，在俄国军队当过飞行员，战后又选择了他所钟爱的艺术道路。十月革命后来哈，在哈尔滨基督教青年会中学教授美术课，并在很多剧院担任舞台美术设计师，是有名的风景画家和肖像画家。他的很多作品展现了松花江金色的沙滩，城郊的田园风光，表现了对大自然的热爱和对第二故乡的眷恋。他所创作的《松花江中的水罐》《阴暗的早晨》等作品栩栩如生，呼之欲出，为他赢得了普遍的赞誉。他所设计的舞台布景与剧中角色共鸣，令观众过目不忘。1941年1月2日哈尔滨举办了斯捷潘诺夫从艺25周年个人画展，取得了巨大成功。1955年他回到祖国，1985年逝世。

▷　斯捷潘诺夫在个人画展

　　米·洛巴诺夫也是哈尔滨俄侨美术家中的佼佼者。他在中国生活了25年，创作了上百幅画稿。他的作品有很多反映了哈尔滨建筑艺术和中国的庙宇。他画的《极乐寺庙会》《孔夫子庙的桥与拱门》《道观》等体现了他对中国传统文化的浓厚兴趣，他写生的《四方台林谷》《庄稼人》等展示了他丰厚的生活底蕴。哈尔滨的画家几乎没有谁没画过母亲河松花江。洛巴诺夫的画表现了松花江的四季，其中《乘冰爬犁》成为其独树一帜的名作：冰封的松花江上，淡蓝色间有玫瑰色的天空透着丝丝寒意，长长的蓝紫色的倒影映在冰面上，告诉人们已是薄暮时分。头戴皮帽、身着半截皮袄、脚穿毡靴的冰爬犁主们手持长竿，耐心地等候着乘客。两个漂亮的俄罗斯姑娘跳下爬犁，向中央大街走去……据有关报道，米·洛巴诺夫的绝大部分作品现在美国，被收藏家收藏。

舍施明采夫在哈尔滨西洋美术史上也占有重要地位。他生于外贝加尔，20年代初来到哈尔滨，1941年移居上海，然后在巴拉圭生活10年，又在美国度过14年，他的作品大多抒发了他对俄罗斯风光和中国山川的热爱。哈尔滨不同造型、风格各异的教堂也是他的画中经常表现的内容。他画的《岸边的驳船》《船坞的小桥》《哈尔滨水灾》《市立公园之春》等作品抒发了画家对第二故乡的热爱。1978年，遵其遗嘱近百幅舍施明采夫的油画从美国运回俄罗斯，赠予库尔干州立艺术博物馆。1992年，该博物馆还举办过他的个人画展。

著名画家、雕塑家戈林贝尔格1914年从俄国尼古拉耶夫斯克来到哈尔滨，开办了哈尔滨第一美术学校，教授了很多学生。

此外，还有巴诺夫、乌拉索维慈、波亚内舍夫、乌尤诺夫、霍洛季洛夫、阿佐甫采娃等一大批俄侨画家在不同时期活跃在哈尔滨美术界，呕心沥血地创作，诲人不倦地育人，丰富了哈尔滨的文化生活，并在西洋美术传入中国的过程中起了桥梁的作用。

《荷花艺术学校和哈尔滨俄侨美术家》

❖ 李述笑：名副其实音乐城

当年哈尔滨有实力不菲的音乐师资队伍，除培养了一批批脱颖而出的音乐人才外，还曾有歌剧团、轻歌剧团、爵士乐队、管乐队、交响乐团等艺术团体，上演过许多名家的名剧名曲，有世界顶级的音乐家来哈献艺，有设施一流的音乐厅、影剧院，有闻名遐迩的乐器商店，有颇具艺术修养的听众、观众……

▷ 哈尔滨交响乐团演出的主要场所：中东铁路俱乐部

早在1919年，哈尔滨便成立了铁路俱乐部交响乐队。该队人才辈出，实力雄厚，蜚声远东。其指挥是著名的Э·梅杰尔（又译梅特勒），首席小提琴是B·戈拉弗曼。30年代成立的哈尔滨交响乐团更是人才荟萃，技艺精湛，驰名中外。自1935至1941年该团共举办了136场音乐会，演奏了贝多芬、勃拉姆斯、格拉祖诺夫、格林卡、德彪西、莫扎特、巴赫、舒曼、肖邦、拉赫玛尼诺夫等名家的交响乐、奏鸣曲、协奏曲、幻想曲等作品，深受欢迎。特拉赫金贝尔格、鲍斯特列姆、金斯布尔格、别林施捷因等犹太音乐家均为该团骨干。

鲜为人知的是哈尔滨历史上还曾活跃着一支爵士乐队，其指挥是钢琴家Д·И·格依戈涅尔。1930年该乐队应美国哥伦比亚唱片公司之邀，灌制过唱片。他们演奏的《请来安慰我》《宁静遥远的海洋》《月季花》《犹太人舞曲》等40首狐步舞、探戈舞曲曾风靡哈埠，享誉中外。

著名的哈尔滨弦乐四重奏曾是音乐城的骄傲。20至40年代，该组合几易其人，但主要成员Н·А·希费尔布拉特、В·Д·特拉赫金贝尔格、Н·Э·肯尼格、Н·М·乌里施捷因等都是犹太音乐家。

▷　弦乐四重奏组

　　20至30年代，举世闻名的音乐家纷纷来哈献艺，使得音乐城增光添辉。利奥波德·奥尔大师的几位高徒亚沙·海菲茨、米沙·埃里曼和叶弗利姆·津巴利斯特都曾来哈演出过。他们和侨居哈尔滨的Н·А·希费尔布拉特、В·Д·特拉赫金贝尔格均为犹太血统，并有同窗之谊。著名歌王夏里亚宾和维尔金斯基来哈演出更在哈尔滨音乐史上绘一笔重彩。

　　一大批艺术家从哈尔滨走向世界更使这座音乐城誉满全球。在巴黎、纽约、柏林、悉尼、东京、莫斯科、新加坡曾活跃着很多哈尔滨籍艺术家。美国著名影星尤里·勃里涅尔，被美国媒体誉为"伟大的钢琴家"的科兹洛夫，东京新交响乐团首席小提琴、音乐学院教授希费尔布拉特，德意志室内乐创始人赫尔穆特·斯行恩，白俄罗斯功勋演员В·И·拉伊斯基，澳大利亚的波果金兄弟等都是"哈尔滨人"。

哈尔滨建筑精美、设施一流的音乐厅、影剧院也反映了音乐城的一个侧面。哈尔滨早期的达尼洛夫剧院、节克坦斯影院、马迭尔影剧院、美国电影院、格洛布斯电影院等都是犹太人开办的。道里商务俱乐部的发起人中犹太人占了一半以上。

▷ 节克坦斯影院

作为音乐城，理应有很多乐器店。当时的乐器店往往兼售唱片和乐谱，在这一行业，犹太人又领先一步。颇有知名度的康季莲娜乐器店创办于1924年，业主是Г·Н·特拉赫金贝尔格。该店除销售乐器、琴弦、乐谱外，还组织灌制唱片。此外，"丽拉""别茨凯尔""彼得·戈利德"等乐器店也都经营有方，生意兴隆。

犹太音乐家、教育家、文化企业家在哈尔滨音乐城形成和发展的过程中起了很大作用，做了重大贡献。这是我们不该忘记的。

《犹太音乐家和哈尔滨音乐城》

❖ 刘欣欣、刘文清：繁荣的哈尔滨歌剧

1904 年 1 月 2 日，俄国人伊万诺夫便在哈尔滨开办了剧院，先后请尼库林和阿尔诺利多夫担任导演，但是真正意义上的拥有歌剧艺术还是俄国的费多洛夫歌剧团的到来和哈尔滨费维伊斯基歌剧团的成立。

从某种意义上讲，费维伊斯基歌剧团具有较高的艺术水准及规范，而俄国的费多洛夫歌剧团则具有深厚的艺术基础、优秀的人才和拥有大量的资料。俄国作家诺瓦托洛夫为该团服务。就在 1919 年他离开哈尔滨后不久，以费尔多·格里高利耶维奇·库兹涅佐夫为代表的一批歌剧演员又返回哈尔滨。

库兹涅佐夫，男，歌剧演员，1888 年 2 月 16 日生于俄国维结布司克市；1904 年技术学校毕业，1905 年至 1910 年就读于音乐夜校，1910 年毕业于维结布司克市剧院艺术学校；1910 年至 1913 年在莫斯科和圣彼得堡作巡回演出，1913 年首次来哈尔滨演出，1919 年赴俄国伊尔库茨克市演出；1921 年回哈尔滨歌剧团当演员。

这批歌剧演员的到来，使哈尔滨歌剧力量逐渐壮大，但真正意义上的歌剧队伍，应属 1920 年至 1924 年的由帕图申斯基领导的哈尔滨歌剧团，在这个剧团中担任主要角色的演员都是正统歌剧院的名流，可谓人才济济。他们分别是男低音 A·莫祖辛（电影演员 И·莫祖辛的兄弟）、男低音 B·卡斯托尔斯基、男高音弗拉季米尔斯基、男高音奥尔热利斯基、男高音维京格。在男高音音色美感方面，可与索比诺夫相提并论的是斯格夫佐夫及其妻子女高音里奥丽·斯洛夫佐娃。他们夫妻曾多次到哈尔滨演出，并留在哈尔滨歌剧团工作。还有著名歌唱家到列梅舍夫、布里吉涅维奇，以及刚刚在莫斯科大剧院开完独唱音乐会的斯特列利佐夫。男中音歌唱家有克尼日尼科夫、

瓦尔拉莫夫、维杰利斯乌霍夫、柳布琴科、武利奇、阿列克桑德罗夫。另外，还有1924年5月24日在哈尔滨刚刚开完音乐会的男低音格·斯沙亚平、男高音А·Л·舍曼斯基。其中维京格是圣彼得堡帝国歌剧院的主要演员，В·Г·舒什林是俄国歌王夏里亚宾的艺术搭档，他们共同在圣彼得堡帝国歌剧院演出歌剧《鲍里斯·戈都诺夫》《鲁斯兰与柳德米拉》等名作。舒什林等人到哈尔滨慰问已属于苏俄的俄侨铁路员工，后滞留至此。

20世纪20年代初来哈尔滨的歌剧艺术家还有帝国歌剧院著名独唱演员Л·Я·里普柯夫斯卡娅，与她具有同等声乐演唱水平的是1927年至1928年在哈尔滨演唱过两个音乐季的歌唱家阿芙拉梅耶娃。后来到过哈尔滨的有泽林斯卡娅、斯普里舍夫斯卡娅、芭图林娜、叶利佐娃、西林斯卡娅，还有在哈尔滨土生土长的青年歌剧后起之秀代表伊林娜、佩季娜，她们是在中国土地上成长起来的侨民歌剧演员。1950年后她们前往美国纽约，从事她们的歌剧事业。

在众多歌剧艺术家的努力下，在哈尔滨中东铁路俱乐部的支持下，哈尔滨歌剧团演出了《鲍里斯·戈都诺夫》《浮士德》《沙皇的新娘》《黑桃皇后》等数部歌剧作品。

1922年哈尔滨歌剧团从哈尔滨出发，经长春抵达北京演出歌剧，乐队指挥是杰什科维奇。哈尔滨歌剧团从北京返回哈尔滨不久，迎接了另一位乐队指挥的到来，他是В·Н·卡普伦。卡普伦生于1891年，最初学小提琴专业，1910年毕业于圣彼得堡音乐学院作曲指挥专业，当年19岁。后来在俄国哈巴罗夫斯克（伯力）、符拉迪沃斯托克（海参崴）等地担任过指挥工作。1924年12月17日，他指挥哈尔滨歌剧团在马迭尔旅馆剧场首演歌剧《茶花女》，不久又在捷尔索普（Gelsop）剧场指挥演出《卡门》《阿伊达》等歌剧。

1924年，哈尔滨歌剧团赴烟台、北京、上海、汉口等地巡回演出。

1926年至1927年，哈尔滨歌剧团两次赴日本演出。第二次是1927年3月，以哈尔滨中东铁路歌剧团名义组团，接受苏俄驻日本大使的邀请，前往日本东京、大阪、神户、京都等地演出。这两次日本之行的指挥是卡普伦和Ａ·Ｅ·斯卢茨基两人。一些著名演员，如尼娜·尼古拉耶芙娜、舒什林、格·斯·沙亚平、Ｃ·Ｍ·乌里扬诺夫等许多知名歌剧演员及芭蕾艺术家，都曾随团出访日本。

▷ 上演《叶甫根尼·奥涅金》时剧照

哈尔滨歌剧团还有几位经验丰富的指挥家，他们在20世纪20年代的哈尔滨歌剧舞台上做出巨大贡献。他们是乐队指挥波津、韦利坎诺夫、Ａ·Ｍ·帕佐夫斯基；合唱指挥Ｈ·Ｂ·芭克莉茨卡娅·布洛布娜、泽林斯基。歌剧导演是格利戈里耶夫、乌里扬诺夫等人。优秀的芭蕾舞主要演员特鲁托夫斯卡娅也经常参加中东铁路俱乐部的歌剧演出。1926年至1927年，在中东铁路俱乐部上演了歌剧《沙皇萨尔坦》，盛况空前，有1200座席的剧场经常贴出"客满"的告示。自Д·Л·霍尔瓦特（前铁路管理局局长）1920年卸任后，接任者是奥斯特罗乌莫夫。他把剧场布置得井然有序，使本来很好的舞台更加出色，除灯光、音响外，还为演员准备了换装室、化妆室、服装保管室、乐器置放室和演员休息室；为前来看演出的观众设置了前厅与两个大休息厅，为了方便观众在幕间休息，还特意放置了安乐椅，并备有餐厅、吧台。观众不但可以休息、吸烟、谈话，还可以留下来吃饭，并有饮料、咖啡相伴。这座修建于1911年12月的中东铁路俱乐部，即今哈尔滨铁路文化宫，是一个美好的艺术家园。

有时，哈尔滨的俄侨歌剧团也到位于道里的机械总厂俱乐部和中心俱乐部演出。机械总厂俱乐部是一幢很宽敞的处所，舞台是旋转式的，这在当时是最新式的舞台。中心俱乐部位于机务街，之所以称做中心俱乐部，是因为它位于中东铁路的中心车站附近，是联络各方的枢纽。歌剧也曾在道里商务俱乐部演出过，但座位太少，只有700个。秋林公司俱乐部也演出过歌剧。

自1926年至1931年，哈尔滨的俄侨歌剧团曾演过《浮士德》《拉克美》《霍夫曼的故事》《塞尔维亚的理发师》《叶甫根尼·奥涅金》《伊万·苏萨宁》《雪姑娘》《水仙女》《阿伊达》《恶魔》《黑桃皇后》《女靴》《艺术家的生涯》《俄罗斯人的婚礼》等歌剧作品。

《繁荣的哈尔滨歌剧》

❖ 刘欣欣、刘文清：世人注目的交响乐团

1908年4月，中东铁路管理局将俄国阿穆尔铁路团第二营管弦乐队调入哈尔滨，成立了"中东铁路管理局交响乐团"。行政长官是当时铁路护路军长官李德洛斯·奥莱斯多维奇·奥莱斯基大校。哈尔滨"中东铁路管理局交响乐团"成立之初有150人，包括演奏家、歌唱家和演员，指挥是尊杰利。

该团创建之初是属于半专业化的演出团体，每年铁路管理局为该团拨款20000卢布，作为该团人员的开支。其余资金缺额，要音乐家们自行创收。

铁路管理局交响乐团的第一场交响音乐会，在指挥家尊杰利的指挥下，演奏了俄国著名作曲家柴可夫斯基的《1812年序曲》、俄罗斯民族乐派作曲家鲍罗廷的《第五交响曲》片段等等。

指挥家尊杰利离开哈尔滨后，该交响乐团指挥是巴特亨。因受日俄战争和1914年第一次世界大战等诸多因素的影响，该交响乐团整体活动时断时续。每当乐团"休眠"时，就会有一位俄侨铁路员工把交响乐团的乐谱和乐团的物品妥善地保管好，此人名叫B·H·武伊奇，他是位受过音乐教育、热心音乐事业的音乐爱好者。

▷ 中东铁路管理局交响乐团在铁路俱乐部露天剧场演出

1919年该交响乐团的指挥是埃姆·梅特勒，乐团领导是梅特勒和杰出的小提琴家B·H·格拉夫曼。格拉夫曼离开哈尔滨后，梅特勒一人掌管这个交响乐团。埃姆·梅特勒1878年生于乌克兰南部的哈尔森，是位犹太指挥家。

他于1897年入哈里克夫帝国大学医学部就读，后转入法学部学习；1906年毕业后入圣彼得堡音乐学院学习，在俄国著名作曲大师格拉祖诺夫指导下学习作曲，并在另一位著名作曲家里亚多夫门下学习音乐理论；学业结束后在俄国的圣彼得堡、巴库、基夫里斯、哈里克夫的帝国歌剧院和交响乐团任指挥；1917年开始在喀山交响乐团任指挥；1918年因俄国"十月革命"而迁居哈尔滨。由于梅特勒的到来，交响乐团焕发出勃勃生机，许多有才华的演奏家都汇集到"哈响"中来。"哈响"乐团的小提琴独奏家 B·H·格拉夫曼是在哈尔滨最早开始独奏音乐会的小提琴家。他离开"哈响"后，独奏家的位置由另一位小提琴"自由艺术家"М·Л·多布林斯基担任。俄罗斯帝国曾明文规定，只有受过高等教育的艺术家，才可以称做"自由艺术家"。

▷ 19世纪20年代交响乐团合影

自从埃姆·梅特勒接手铁路管理局交响乐团后，乐团的艺术质量有了较大提高。指挥家首先为乐团演奏家们的利益着想，多方呼吁提高乐手的工资待遇，使音乐家能保持良好的工作心态；其次是强化演奏家个人技能的全面发挥，对有能力的乐手委以重任，使他们得以施展才华。梅特勒为交响音乐事业的发展，不计个人私情，深受乐手们的敬佩。一次梅特勒在排加里尼柯夫的作品《新弗尼》时，第二提琴手因为技术不达标问题，被指挥赶出排练场。通过竞争与激励，梅特勒用了5年时间，把"哈响"乐团办成了远东第一交响乐团。

"十月革命"后，哈尔滨俄侨人数增加，从某种意义上讲，促进了文化的发展。1923年后，哈尔滨铁路管理局交响乐团请来一位指挥大师А·Э·斯卢茨基，此后，他与梅特勒共同奏响"哈响"乐团的辉煌乐章。

此时，该交响乐团的首席小提琴是尼古拉·А·希费尔布拉特，第二小提琴首席是В·Д·特拉赫金伯尔格，中提琴首席是约瑟夫·克尼希，大提琴首席是И·乌利什捷因和В·普里霍季科。首席小提琴Н·А·希费尔布拉特曾是莫斯科交响乐团指挥。他1890年生于俄国，8岁跟父亲学习小提琴，后在第比利斯音乐学校学习；1906年任格鲁吉亚第比利斯歌剧院乐队首席，后在圣彼得堡音乐学院跟世界小提琴教育家L·奥尔学习小提琴；之后在圣彼得堡交响乐团独奏，并录制过唱片；1919年成为闻名世界的德国梅克伦堡公爵提琴四重奏团成员；1920年后来到"哈响"乐团工作。

1924年左右，经常与指挥家埃姆·梅特勒合作演出的歌手与歌唱家是索布拉诺、Л·Я·里普柯夫斯卡娅、泰诺鲁、А·拉宾斯基（男低音）、马久西恩、格·斯·沙亚平。

里普柯夫斯卡娅原是俄国首都圣彼得堡帝国歌剧院（玛林斯基歌剧院）的女演员，她顺着这条贯穿欧亚大陆的铁路来到哈尔滨演出，开音乐会，后留居此地。像里普柯夫斯卡娅这种情况的声乐艺术家在哈尔滨的还有许多，如拉宾斯基、格·斯·沙亚平、В·Г·舒什林等一大批在俄国都很著名的歌剧演员。舒什林是圣彼得堡音乐学院毕业生，在圣彼得堡帝国歌剧院任独唱演员。拉宾斯基于20世纪20年代第二次到哈尔滨演出后侨居哈尔滨。

哈尔滨铁路管理局交响乐团的声望越来越受世人注目，尤其是为日本著名作曲家山田耕筰等人所注目，因为当时在日本国还没有一个像样的交响乐团、歌剧院及芭蕾舞剧院。所以日方在1925年4月来人，从"哈响"乐团聘请30人去日本协助工作，想用"他山之石"帮助自己立业。

当去日本的俄侨演奏家走后，梅特勒力排众议，运用指挥的地位与权威，大胆地起用青年侨民小提琴家西鲁斯帕克为乐团首席小提琴。不久，指挥家梅特勒的夫人、著名芭蕾舞教师沃索夫斯卡娅被日本国宝冢少女歌剧舞蹈团请去当教练。自1926年3月，48岁的指挥家埃姆·梅特勒也前往日本工作，离开了他在哈尔滨所建立的严格、规范、声名卓著的交响音乐事业。梅特勒离开哈尔滨后，А·Э·斯卢茨基等指挥家继任该乐团指挥工作。

《哈埠建立交响乐团》

❖ 赵喜罡、赵欣欣：繁荣的哈埠话剧

在露天的公园剧场及剧院上演的滑稽剧，是哈尔滨话剧诞生的摇篮。在中东铁路建设的初期，管理机构、司令部、办公室都集中在香坊地区。在1901—1902年的埠头区，没有任何提供消遣的娱乐场所、剧院及教堂。后来很快着手建起了上演歌剧的篷子，海参崴来这里的几个男女演员，演出了一些小歌剧。

剧院响亮的开幕钟声，唤起了在异乡的俄罗斯人的怀念故乡之情，滑稽剧开展起来了。

日俄战争期间各个阶层的人，流向哈尔滨。商人和工厂主主要从事支援俄军军火和作战物资，哈尔滨暂时火热起来，戏剧界也复兴起来了。

生意人阿尔诺利多夫，他拆除夏季的露天剧场即滑稽剧场，建成了永久性建筑——哈尔滨话剧院。剧团班底不错，这里有才华横溢的女演员瓦里娜，是阿尔诺利多夫的妻子。此外，尚有米利奇、霍赫洛夫，都担任了主角。这个剧团工作至1906年。

1918年，哈尔滨汇集了很多俄罗斯的演员。哈尔滨真正成为远东的话剧中心。很多新的剧目上演。由于莫斯科大剧院人马到来，话剧界竞争日趋激烈。使从事话剧界的人士，更加投入，哈尔滨话剧界日臻成熟。

所有的法国的新作，经作者翻译过来，并在露天剧场、巨大的马戏剧院，甚至在电影院演出。《王子阿列克谢耶伊》的演出，获得巨大的成功。

1920—1921年，在哈尔滨陆续演出了《带玫瑰花的人》《侯爵夫人伊奥里萨娃》《女人和酒鬼》等。

曾在巴黎取得巨大成功的、著名的《普拉姆亚》，在哈尔滨吸引了大部的剧院。

在哈尔滨有许多新的戏剧新手，很多的剧目可供演出。当时哈埠的庞大演员队伍，可以组成许多团体。

1923年，外地巡回演出团来哈，其戏剧《风流女子》，极受观众的欢迎（演员是维德里恩斯卡亚）。

1925年，另一巡回演出团来哈，其演出的剧目《森林》《安娜·克里斯季》也颇受欢迎。

1931年之后，陆续演出了《全世界》《苦恼》《樱桃园》《瓦尼亚叔叔》《可怖的人》等。

1938年5月至1942年10月10日，戏剧共演出了650场。

演出的这些剧目，分别由下列作者创作：切霍娃、奥斯特罗夫斯基、涅米罗维恰·达恩切恩科、科恩斯塔恩吉诺娃、别利亚耶娃、尤日娜·苏姆巴托娃、祖杰尔玛娜、伊勃谢娜、莫利娜拉等。

这些剧目是：《森林》《我们生活的一天》《樱桃园》《普西莎》《贵族的巢穴》《鲍里斯·戈杜诺夫》《瓦恩尤希娜的孩子》《克列奇恩斯科的婚礼》《狼与母绵羊》《瓦尼亚叔叔》《无声的钟》《卡特尤莎·玛斯洛娃》等等。

《哈埠话剧的雏形及发展》

❖ 林怡：促进文化交汇的外国报刊

哈尔滨曾经出版过不少外国文字的报刊，她的第一家报纸就是俄国人创办的俄文日报。据笔者统计，从1901年至1949年，俄国人、日本人、波兰人、英国人、美国人、德国人、瑞典人、乌克兰人、格鲁吉亚人、爱沙尼亚人和犹太人等，曾经先后使用14种文字，出版了大约500多种报刊（其中报纸200家左右），其总数比同期的哈尔滨国人报刊还要多。报刊文种之多，尤其俄文报刊总数之多，在我国各大城市中是罕见的。

▷　1908年俄文版《哈尔滨日报》

哈尔滨的外国报刊，大致经历了三个发展阶段，即1901年至俄国十月革命前，在俄国报刊主导下的起始与发展时期；1917年至1932年初，在东北当局主管下的繁荣时期；1932年至1945年8月，在日本殖民地统治下的没落时期。

哈尔滨外报的主办者，多数不是通常的外侨；即使在20年代，不少外报都享有特权，从不向哈埠当局申请立案，只经其本国驻哈领事馆许可。

在中国历史上，还从没有一个城市像哈尔滨，在这么短的时间内、用这么多文字、出版了这么多的报刊。

这些报刊分别代表着不同的国家、民族、政党与宗教等的不同利益，反映了国际上各种势力的利益冲突与争夺，给哈尔滨抹上了殖民地与半殖民地的色彩。同时，也在客观上使不同的文化得以交汇与融合。

《哈尔滨日报》于1903年6月23日创刊，最初的主办者是中东铁路管理局商业处（亦译商务公司），首任主编即商业处主任Ｋ·Π·拉扎列夫，商业代理人Γ·Ｂ·普列伊斯曼。

为了区别于年前被封的《哈尔滨每日电讯广告报》，此报最初的汉文译名是《哈尔滨新报》。6月15日起，该报用汉文连载启事说：

大清东省铁路商务公司新报谨白：于华历廿九年五月下浣俄历一千九百零三年六月上浣，本公司在哈尔滨拟出华俄合璧日日新报，报名哈尔滨新报。现在修创伊始，馆事未毕，暂拟每礼拜只出俄文版三次，余空四日以便接收各处电报之意，原为开广中俄两国商务起见，其详细章程已登本报。

该报所刊俄文章程说：

本报每周刊出不少于三次，只用俄文排印。在不出报的日子，哈尔滨订户可收到俄国通讯社和商业电讯社的电讯稿。本报的宗旨是促进中俄贸易的发展。

该报计划的华俄合璧的日报未实现，但特设有面向华商的汉文广告，直到1906年单独出版汉文《远东报》后，才停刊汉文广告，汉文报头一直用到1914年。

像许多官方机关报那样，《哈尔滨日报》开始主要刊载沙俄在哈机构的布告、法令等文牍，但也刊时政新闻，其编辑部曾设在中东铁路民政部。1905年11月，哈尔滨俄国铁路工人在反对沙皇十月宣言时，几度火烧铁路管理局大楼，该报编辑部也难逃一劫。

《哈尔滨日报》在1905年"多事之秋"后，中东铁路公司为适应日俄战争后着力经营北满地区的需要，决定将该报与商业处脱钩，正式成为中东铁路机关报，并改由Π·Ｃ·季申科任主编兼发行人，直到1917年俄国二月革命时止。

1906 年 2 月，《哈尔滨日报》大改版，增加报纸栏目，扩大报道范围，使之成为一家大型综合性日报。设立栏目有：

"官方消息"：主要刊载中东铁路管理局及其下属机构、护路军司令部、哈尔滨市自治公议会等官方文牍、布告、通知等。

"西伯利亚消息"：主要报道俄国远东地区的重大事件。

"在国外"：主要刊载国际新闻。

"大事纪"：主要报道中东铁路沿线事件。

"今日哈尔滨"：主要报道当日哈尔滨新闻。

"市场"：主要报道中国各地，特别是东北各地市场与价格以及外贸、粮油、毛皮及木材等在国际市场上的行情。

"中国和日本"：专门报道中日两国关系。

"戏剧与音乐"：主要报道与评述俄国人在哈市剧院的剧目与演员；有时也报道中国剧场的演出活动，如 1906 年 3 月曾报道华商纪凤台在道里巴杂市开办的仙女剧院演出的《鱼肠剑》和《遗翠花》等剧的内容。

"体育与赛马"：主要报道哈市有关活动。

应该特别指出的是，该报设有"报刊一览"栏目，主要介绍俄国以及中国主要报刊的内容。1907 年 7 月 11 日专门报道我国在傅家店新创刊的《东方晓报》创刊号的主要内容，如该报社论、国内外要闻、外省新闻、东省要闻等。

《哈尔滨日报》上述栏目的设置，对后来哈尔滨新办的各种报纸，发挥了示范作用。

1920 年创刊的《霞光报》，是哈尔滨大型综合性俄文日报中延续时间最长的一家（1920 年 4 月 15 日创刊，1942 年 2 月终刊）。主办者 M·C·列姆比奇，原为俄国著名记者。他 18 岁投身报界，"一战"爆发时进入莫斯科一家报馆，曾随军写了不少出色的报道，驰名报坛。十月革命后，曾作为白俄顿河军代表到沃木斯克白俄政府，红军占领沃木斯克后，他随捷克军团到哈尔滨。主编 Г·H·什布科夫，毕业于彼得堡工业学校，也是一个有名的随军记者。

据著名的《中国报学史》评介说：该报 "ЗАРЯ（译意《霞报》）每日发行两次，晨刊名曰《朝霞》，夕刊名曰《晚霞》。在哈尔滨最占势力，在上海亦设有分馆。今白党虽失势，但以其消息灵通，议论精辟，故仍为俄人所爱读"。

▷ 1933 年出版的《霞光报》

据查：《晚霞》创刊于 1923 年 4 月 10 日。1925 年 7 月，特警处以《晚霞》未申请立案为由令其停刊，列姆比奇迁往上海，10 月创办了上海《霞光报》（亦译为《上海柴拉报》），1928 年，列姆比奇又在天津创办《俄文日报》（即《天津霞光报》），由其弟主持。这样，列姆比奇拥有哈沪津三处俄文报，并在法国巴黎设立分社。1932年11月，年仅40岁的列姆比奇因病去世，其夫人由哈赴沪接任发行人。

《霞光报》在哈以普通俄侨为读者，淡化政治，贴近生活，消息迅速，内容通俗，其社会纪实与文艺专页尤为引人入胜。《晚霞》以妇女、儿童、家庭与文艺为主要内容，知识性与趣味性较浓，因此"左右翼党派都爱读"，"是最适合在哈尔滨发行的报纸"。创刊不久，期发数即达6500/7000份之多，是当时哈尔滨期发行最多的报纸。

《哈尔滨的外国报刊》

❖ 林怡：俄罗斯人的习俗

俄罗斯民族是古老的民族，在人类历史上曾扮演过重要角色；同时又是具有独特传统的民族，人们即便离开了俄罗斯，依然保持自己的民族传统。

大多俄罗斯人笃信东正教，少部分信奉天主教及其他宗教。由于宗教在精神生活中的重要性，所以哈尔滨有过23座东正教堂。

走进俄罗斯每个东正教的家庭，抬头都能看到对着门，挂在墙角的圣母玛利亚同耶稣的圣像。圣像质量差别很大，有些十分精美、十分昂贵。有些圣像上方覆盖着圣巾，两端展开固定墙上，因而走进俄罗斯人的家必须脱帽。圣像前吊一小油灯具，每当就餐前，都要祈祷，感谢上帝的恩赐，睡前也要做祈祷。

到俄罗斯人家必须敲门，即便门虚掩着，得到允许擦脚之后方可进门，按主人指示坐下。客人绝对不允许随意走动，尤其坐床，东张西望。

遇到婚丧嫁娶，乔迁之喜，不像中国人送酒烟茶，而是一个面包及一撮盐。祝愿寓意深长，意味着只要有面包、盐和水，生命就可维持下去。

俄罗斯人对出生、婚嫁、死亡，这人生三件大事非常重视，而且都与宗教活动有关。

每个新出生的孩子，都要接受洗礼。神父先将圣像浸在洗礼用银盆中，盆的边缘点燃蜡烛，神父用手托住头，婴儿躯体搭在他的前臂上，头先入水，迅速将婴儿全身浸入水中。取出后教母用白巾托住，揩干。如果是男孩，神父抱着婴儿穿过神坛，将婴儿放在神坛下的台阶上，这时教母在教父陪护下将婴儿抱起。神父给戴上祝圣过的十字架，并按日期固定的名字命名——命名日。女孩不能抱入神坛部分。一般是出生后两周进行，母亲不允许去教堂参加洗礼。所以俄国人都有出生日和洗礼日两个庆贺的日子。

女人在怀孕之后，都要穿宽大的衣衫以便遮盖膨大的腹部，很少出门，出门被认为是不雅行为。

分娩之后，不像我们中国人要坐月子，并有种种忌讳，比如：不许下地、接触凉水、读书看报、做活，捂得严严实实。

俄国女人不是这样，她们什么也不在乎，在孩子生出后，照常活动，仿佛春天栅栏里的牛，要冲出去享受盎然春光。

出生后，亲朋好友前来祝贺、送花。没有过百天一说，男孩更没有暴露生殖器照相的陋习。

结婚是非常复杂和隆重的。

按俄罗斯民间风俗，年轻人在舞会上或其他场合相遇后，男方可求媒人带面包和盐，去女方家提亲。如果女方双亲同意就安排见面。双方同意就要过礼，媒人要过目。有一非常有趣和古老的规矩，双方父亲穿上皮袄，用衣袖相击，算做定亲了。婚前女方要准备嫁妆。结婚前一天洗浴，同女友告别晚会。结婚当天早晨，女孩打扮起来。新郎到来，新娘、新郎双双跪在女方父母面前，接受祝福和面包、盐。然后去教堂，接受神父祝愿。两人手举蜡烛，男傧相将冠举新娘头上，女傧相举在新郎头上。然后回到男方家里，举行婚宴，双方老人都来参加。

古老民俗还包括，在婚礼举办的早晨，新郎同男傧相给新娘洗浴，使新娘放松了在同一个男人接触时的恐惧和羞怯。新郎、新娘入洞房之后，客人们仍在喝酒、跳舞，等待着处女膜破裂血滴。通常这块白巾是由兄嫂、姐姐（已婚）取回，再拿到客人面前，证明新娘处女贞节。婚宴又掀起新的高潮，双方老人都高兴，女方父母更显得骄傲、得意。没有这滴血，女方家的门楣、栅栏，会被污物涂黑。

现代的婚礼摒除了这些陋习。在婚礼之前，双方家长也要见面，男方要送定亲礼。女方也要为女儿做嫁妆。结婚早晨，新郎同他亲属在教堂门口等候新娘。新娘在父母、亲友陪同下，来到教堂。新郎揭去新娘面纱，新娘将一枚鲜花插在新郎的胸前，双双走进教堂。这时全场起立，唱诗班在风琴伴奏下，唱起赞歌。新郎必须一套黑西装，新娘必须白色婚纱。

两位新人通常站立在神父的面前，而不是跪着。举冠，接受神父祝福及双方宣誓对婚姻的忠诚之后，是交换戒指。事先交给教堂，此时另外神职人员用托盘取来，两人交换三次之后，彼此给对方戴上。在神父带领之下，绕祭台三次之后，即为正式夫妻了。新人接受父母、亲友的拥抱亲吻表示祝贺。走出教堂，新郎抱起新娘，乘车回家，婚宴开始，客人不断地喊：苦啊！苦啊！新人不断亲吻。

这里要交代一下，俄罗斯人戴戒指与西方不同。如果左手无名指戴戒指，说明已经定亲，结婚之后，戴右手无名指。

结婚戒指只是一个环，不应有装饰。如果婚后一方死亡，戒指再戴回左手。

葬礼，俄罗斯人是非常隆重的。

死后遗体要停放在教堂三天。他们的棺木截面是两个梯形扣在一起，头端较膨大。死者如果是未婚的女孩，必须是新娘的打扮，一身白纱，意味着去做上帝的新娘。男人一般是黑装。

送葬的人群也都是素装。如果男人去世了，他的女人要系黑纱。

棺木是用灵车拉着，不盖盖子，死者最后与蓝天告别。死者双手交叉放在胸前，手中握有十字饰物。

▷ 俄侨灵车

　　灵车是漆成白色的四轮马车，在停放棺木的平台上方，由四根或六根雕刻精美木柱，顶起一个由多层角线券拱组合的棚子，顶部在膨大部分上方是十字架。为遮蔽太阳的照射，低垂着卷起多层纱帘。拉车的马罩白网套，车夫及帮手都着白袍。

　　在没有灵车时，棺盖由人顶着，死者棺木用人抬着。教堂单调地敲着小钟。

　　到达墓地后，仍要将死者放到安息堂内，举行仪式。下葬时，在唱诗班的歌声中，将棺木缓缓放入墓穴。这时已将带有十字的棺盖钉死了。

《哈尔滨俄罗斯人的习俗与影响》

❖ 林怡：俄罗斯人的节日和饮食

俄罗斯人将圣诞节、复活节尊为诸节之冠。

俄国的圣诞节是1月7号，而不是12月25号。

过节的形式和内容同西方相同。将枞树装扮起来，挂上各种饰物，拉起一串串彩色小灯泡。孩子们一夜没睡好，等待身穿一身红袄的圣诞老人，从烟筒爬进屋内，将礼物放在枞树下。在他们长大之后，才知这是父母买的礼物。圣诞之夜，全家人围着这圣诞树，跳舞唱歌。

复活节的日子不固定，大约在3月22日至4月25日之间。它的计算方法是，春分月圆后第一个星期天。由于历法不同，东正教比天主教和新教相差一至二周。

复活节除了举办盛宴，互相邀请作客外，主要是将鸡蛋染成各种颜色食用或相互赠送，鸡蛋趁热用蜡写成X·B（耶稣复活之意），然后再染色，自然留下这两个字。

在复活节这一天，人们互吻三次以示祝贺，按着习惯任何人都可以行此礼。

俄罗斯的女人，都是打点心的能手，每当节日都要做。直到现在我还记得母亲那造型美丽，香醇可口的各种糖面包、饼干和馅饼。复活节特殊的点心，是一种高筒状点心，大小不一，完全用鸡蛋、牛奶、奶油、糖和香料，按配方烤制而成。由于各家配方不同，口味有别，节日间也相互赠送。复活节，俄人也跳舞、唱歌。

其他的节日有"三一节"（ТРОИЦАА），即圣父、圣子、圣灵合成为一上帝的说法。每年夏季，在复活节后五十天举行。

此外，尚有一个纪念亡者的节日（РАТОНИЦА），在复活节后第一星期内举行。去亡者墓地，将复活节鸡蛋、点心摆在坟墓上，以寄追念和哀思。

哈尔滨的冬泳，近几年已蜚声海内外。它不仅是哈尔滨人冬季一项别开生面的体育活动，也是哈尔滨冬季景观之一。

然而，最早在数九寒天，敲开松花江厚冰下水的却是俄罗斯人。

1922年1月19日，俄国东正教首次在哈尔滨松花江的江面上，隆重地举办了一个古老的宗教活动——"约旦"（洗礼节）。这是来自圣经中的故事：即耶稣降生后，曾在约旦河里洗礼。

在铲除江面的冰凌和积雪后，先凿出一口"井"。在它的下游另凿开一

▷　人们跳进凿开的冰窟窿

▷　教堂门前竖立的冰制祭坛

个4米见方的水池，再在井、池之间凿出槽形十字及连接井池的同心圆形的冰槽。在同心圆内的冰面上立有枞树，在水池下方对着井用冰雕凿成一个巨大十字架。主教将圣像浸在井中，不断地从井中涌出的江水便是圣水了，并沿着水槽流向水池中，人们纷纷跳入水池中，便是洗礼了。

出水之后，用毛毯、皮衣裹身，带着欢喜和满足，乘汽车、雪橇急驰而去。

年年约旦都选在道里江心沙滩的北侧，这里江面宽阔，水流平缓，另外不受南岸污水的污染。为安全起见，选择江水深度刚好是去掉冰层后，江水可返上来。因为周围冰层环绕，人不致被水流冲走。

这项宗教活动，在50年代之前，几乎年年举办至今，老哈尔滨人仍记忆犹新。

哈尔滨的冰雕艺术，历史悠久。据有关资料记载，至今已有70余年了。

1922年1月19日的洗礼节首次隆重举行。这天清晨，哈尔滨23座东正教教堂钟声齐鸣！虔诚的东正教的教徒们，走出各个教堂，高举着圣像、旗幡和烛台，在着袍顶冠、披金挂银的主教、神父的带领下，向道里江沿进发。一路香火缭绕，颂歌不绝于耳。几路人马，几千人会合于江面上一个巨大的、晶莹剔透的冰雕的十字架周围。红衣大主教面前放置圣经的桌台，也是用冰精雕细刻而成，这两件冰雕制品，可称得上是哈尔滨最早的冰雕艺术作品了。在其后举办的洗礼节上，十字架和桌台，赋予新意和臻于完美。譬如十字架各端雕成花瓣形或雕着圣经故事中从挪亚方舟放飞两只白鸽及刻着"耶稣救世主"等。桌台也雕出似铺着的桌布下垂的穗或一只晶莹的冰花。

1935年洗礼节时，坐落在马家沟营部街俄人开办的慈善院，举办具有浓重宗教色彩的冰雕展，整个院落布置了由教师、孩子们创作的冰雕作品。有微缩的小教堂，一群各种造型的十字架，簇拥着一个晶莹秀美的大冰十字架。这慈善院为"米洛谢尔吉亚之家"。这恐怕是哈埠最早的冰雕展了。

哈尔滨第一家啤酒厂，是俄国人乌鲁布列夫斯基于1900年创办的。1908年，改为库罗尼亚啤酒厂（香坊）。此外，尚有多家啤酒厂如维沃瓦列啤酒厂（南岗），德籍俄人考夫曼于1905年开办梭忌奴啤酒厂（道里）等。

俄罗斯人不仅爱喝沃特卡，也喜欢喝啤酒，哈尔滨人深受其影响，对啤酒格外青睐，哈尔滨喝啤酒为全国之最。

此外，哈尔滨人爱吃面包、红肠、奶油，喜欢喝牛奶、吃西餐，苏伯汤家喻户晓，单位食堂也做，味道却大相径庭了。

▷ 人们在野餐

俄罗斯人非常喜爱土豆，很多菜肴都有土豆，面包自然是他们的主食，喜欢牛肉、大头菜、胡萝卜、豌豆、通心粉。

俄人的早餐非常简单，牛奶、奶油、西米蛋、果酱、半熟的鸡蛋、一两片面包。

他们主要注重晚餐，一般情况下是两道菜，汤或苏伯（汤是清汤，苏伯有肉、菜等）及肉饼、炸土豆块。

俄罗斯人也包饺子，素馅的有土豆泥、水果馅。荤馅的为鱼肉、牛羊猪鸡肉等。

他们非常喜欢吃中国菜，对我们的饺子更是情有独钟。

《哈尔滨俄罗斯人的习俗与影响》

第三辑

民族工商业，
彰显国际商埠的繁荣盛景

❖ 刘实秋、李庆棠：哈尔滨各商号之首

　　同记向以百货齐全、品种多样、服务态度优良著称。今天回想起来，其许多经营经验还值得我们后人借鉴学习，现就同记的业务经营略述一二。

▷ 大罗新寰球百货店

　　灵活运用资金和适应社会需要是商业资本的本能。同记就一向主张，社会上需要什么、流行什么，便采购什么、生产什么、销售什么。所以同记诞生不久，就在经营活动上占了同业的上风。1916年以后，为了扩大经营、满足社会的更大需求，开始组织远地进货，还在上海、天津、大阪等地派驻在员，驻庄采购。经营品种也由过去的几十种发展到几百种。

　　1921年，武百祥又在道外正阳头道街（现靖宇头道街）创建大罗新寰球百货店，标志着同记商业兴盛时期的开始。这时候经营品种已达到3000

余种，按商品类别可分绸缎、呢绒、布匹、线毯、茶叶、食品、干菜、男女鞋靴、帽子、化妆品、针织品、西服、西药、衣箱、皮货、文具、运动乐器、五金、电料、玩具、瓷器、彩镜、钟表眼镜、度量衡器等24个种类。另外附设钟表修理、眼镜验目配光等部。

随着同记商业的发展，服务对象范围也有所扩大，根据社会各阶层的需要，组织进货。在经营品种上高低皆备，有供应上层的呢绒绸缎、名贵糕点；也有供应下层的粗布针线、日用百货。因此它的销售面较广，收益较巨。但是此种光景维持到日伪统治时期，便出现萎缩，随之同记经营活动的兴盛局面也消失了。

同记为了丰富货源广开进货之门，不仅从本埠购货，还从国外及商品主要集散地购货。对名、特产品还实行直接从产地购货的方式，从而极大地丰富了同记各商场的货源。

同记一向重视营业宣传工作。正如武百祥所说："广告的深意是投资，不在目前之成功，而在永久的收效……"特别是1921年大罗新开业之后，设立广告部，专门负责商店的广告宣传工作，主要做法如下。

广告宣传是同记宣传工作的主要形式。同记广泛利用报纸、电台广播和电影院放映机会进行宣传，逢年过节，还奉送大量的年画、画片、月份牌，并派人到铁路沿线各城镇张贴标语，如安达、绥化、齐齐哈尔、双城、阿城等地甚至郊区、乡村都成了同记宣传必到的地方。这类广告一般色泽鲜艳，图案也能迎合当时的风俗习惯，并印有"到了哈尔滨，必须逛逛大罗新""哈尔滨有个傅家甸，同记商场在中间，物美价廉品种全，不买东西随便看"等文字，并且印刷数量之多令人瞠目。1927年以后，每年印刷用纸最多需用3火车皮以上，大约90吨，可见当时同记在广告宣传上是下了何等功夫。

柜台宣传主要是通过店员结合买卖进行的。一般以解释商品的性能、特点、使用和保养方法为主，通过商品质量、价格对比，说明同记商品质优价廉，以使顾客满意。同时还要介绍新商品的性能、规格和质量。有时在顾客集中时，柜头（营业组长）也来做宣传。

▷ 同记广告

逢年过节，同记便敲锣打鼓吹喇叭，商品大减价，减价幅度最高九五折。这种减价宣传，每年都搞几次。

同记在哈尔滨首创了大招牌、大玻璃窗，并陈设橱窗广告及模特人等。店内四季陈列鲜花，并按季节变化，应时布置，使顾客一看顿生快感，引起购物欲望；还设置了两面大哈哈镜，使顾客每至必照，留下了深刻的印象。同记这种打破同业旧规以广招顾客的做法曾轰动一时，令人不能不对同记刮目相看。

同记还效仿各大商埠以及外国商业，将商品陈列于柜上，平置、倒置、颜色搭配、同类商品排列、连带商品配套等，将店堂用商品装饰起来，布置得美观、大方、动人，使商品醒目地映入顾客眼帘，诱其联想、欲购。

发行彩票是同记刺激顾客多买货的一种方法，也是极力推销商品的一种手段。如顾客买1元钱以上的商品就可抓彩一次，彩彩不空，彩奖从糖果（同记自产小人酥糖）开始，还有牙刷、扇子、手巾、脸盆等。奖品最好是毛毯（就是现在毛织厂的毛毯）。每天当卖钱额达一定程度时，就由经理、主任把毛毯彩票放入。当有顾客抓到毛毯时，就当场将真人真事写出榜来，用以吸引顾客多买货。

《同记的业务经营》

❖ 王立民：有诸多名牌产品的同记工厂

提起哈尔滨"同记"，妇孺皆知，然而真正知道同记工厂的人却为数不多。须知"同记"自创建之初，即从商至工，逐步发展，后来成为雄居东北的工商企业，正是由于同记工厂的诸多名牌产品，才提高了同记商场的声誉。

同记工厂先后设有20个科（即分工），生产各种畅销品达500余种，仅糖果、糕点一科就不下400种，不单有大众食品，还生产高、中档食品，如酒芯糖、咖啡夹馅糖及水果点心等。在数以百计的畅销品中，当数英式皮帽、白熊牌袜子、大罗新月饼和永年牌小人糖等，最受社会各界人士的赞誉，其行销之广，普及全国各城镇，成为全国公认，人人称道的"名牌产品"。以近代的京都和著名的消费城市为例，北京的食品店把哈尔滨同记工厂的糖果，在广告板上宣传为"东来香"，可谓名噪关内外。

《哈尔滨同记工厂名牌产品的形成》

❖ 王立民：同记服饰工厂

英式皮帽，是同记工厂的起家产品，同记的创始人武百祥于1907年冬，自行"格物"制造，首创自己的名牌。此后，革新原料，由皮帽发展到毡帽、草帽、绒帽、呢帽；繁华式样，由英式而及俄国大头式、日式等数种；为满足不同需要，从冬季的防寒美容帽，发展到一年四季的时帽。这样一来便取代了东北人习惯戴的"四喜帽头"，在松辽平原上出现了第一个制帽厂。

同记工厂继单一产品成名之后，把名冠与时装相结合，适应时代的风范，逐渐组织了以苏、浙老手艺人为技术骨干的服装生产体系（西服、制服、风衣、雨衣等）；组织了以天津人为技术骨干的制鞋体系，生产半高跟、高跟、平跟的皮鞋和各式布鞋，与各种时帽配套成龙，使同记帽子的销售更加兴旺。据1927年（民国16年）全年出品统计，共计93.5万元（哈大洋），以男帽为多，计24.8万元。

同记工厂的针织科于1914年（民国3年）开设，主要织"洋"袜子和"洋"肚手巾。当时处于工业极端落后的国度，人们普遍穿着布袜子。同记工厂首先依靠从日本留学回来的赵希斌、吴性存和从上海请来的3名师傅，配以几名徒工，在哈埠生产出了极为人们喜爱的"洋"袜子，很是畅销。正如1916年（民国5年）7月21日《远东报》的《可悲哉中国工业》文所说："本埠近二年来制造袜子者，如同记、新记、东陞公司等不下十余家，销路均极畅旺。"但是，由于日货的倾销和国内产品的更新，使竞争加剧。尤其是上海船牌和墨菊牌袜子充斥全国，成为第一流的产品，这时武百祥的女婿王若愚正在美国留学，学的恰巧是理工科纺织系，这正是武百祥兴办现代化工厂所需的理想人选。王若愚毕业回国后，武百祥即把他安排在针织科任职，并从美国购置了较先进的成套设备（后来又从日本永田机器厂买进了当时最先进的半自动化的成套设备）。王若愚在武百祥的授意下，上任后首先研究上海的两种名袜，察其优劣利弊，以墨菊牌为例，这种名袜也存在不足，从技术上看，其用料单一，只有40支纱合股一种，从使用上看，顾客反映缩水率大，下水后原脚型就不好穿了。这样针对墨菊牌袜子的弱点，破除了迷信，本着"取其长、弃其短"的原则，瞄准了主攻方向。首先采用分等制袜技术，在纱支上分别采用了32支、40支、60支、80支、100支、120支；接着拿下技术保证措施，对电光合股能致收口紧的缺点有的放矢地进行改进，使同记自己定型的产品上马，创造了"白熊"牌袜子。

"白熊"牌袜子分类如下：

100支、120支纱合股织成的袜子，商标为"金地"白熊；

60支、80支纱合股织成的袜子，商标为"灰地"白熊；

40支纱合股织成的袜子，商标为"蓝地"白熊；

32支纱合股织成的袜子，商标为"黑地"白熊。

以上各种统称"白熊"牌袜子，同时还有金熊、灰熊、蓝熊、黑熊袜子的别称。

在生产流程和出品中，严格掌握技术标准，把好质量关。凡是能贴上"白熊"商标的，都必须经过精选，必须没有一点毛病。在使用同样原料的条件下，只要在检验中达不到规定的标准，即为副品，副品中又分为3种：有跳线、掉针经修整后看不出毛病的，贴"鹦鹉"牌商标；经修整看出一点毛病的，贴上"玫瑰"牌商标；经修整看出明显毛病的，但能够投入使用的，贴"虎头"牌商标。在销售价格上差别很大，"白熊"牌定价0.50元，而"虎头牌"的则定价0.28元。

为了扩大宣传，第一批产品——"白熊"牌袜子问世之前，首先做了一个7尺高的大白熊，用4人抬着游行，前面是两个人手持"肃静""回避"的两只大标牌开路，后边是乐队伴奏，俨然出访钦差或巡抚，非常引人注目。同时还从日本烧制了大批搪瓷广告，派人去全省各城镇钉广告。同记工厂的白熊牌袜子投放市场不久，便以其优良的质量，博得社会各界的赞誉。为进一步扩大销路，同记还抽调20名外柜，做了百余面彩旗，赴东北各城镇雇吹鼓手，以彩旗开路，鸣锣敲鼓进行宣传，致使"白熊"家喻户晓。就这样，"白熊"牌袜子首先在东北成了压市产品。

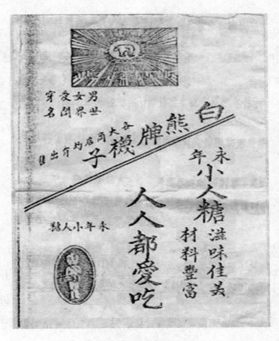

▷ "白熊牌"袜子广告

1937年，道外北四道街德隆工厂仿同记"白熊"生产了"白羊"牌袜子，来与其竞争。同记工厂为此采取了有奖销售的办法。袜子每双价值0.50元，按一定比例在出厂前把奖券贴在袜腰上，设一等奖100元，二等奖50元，三等奖10元，四等奖1元。凡得奖者一律进行登记姓名、工作单位、家庭地址，一一标详细，并对一等、二等奖获得者给予照相和登报宣传。

同记工厂的白熊牌袜子，不仅质优物美，耐穿耐用，而且又采取有奖销售的办法，吸引了成千上万的顾客，而上海的船牌和墨菊牌的袜子则相形见绌。因此，使"白熊"牌袜子登上了全国名牌的宝座。

继"白熊"创牌子之后，同记又设计生产了"雄鸡"牌女袜，与"白熊"并驾齐驱，成为争霸称雄的名牌。

妇女袜冠名曰"雄鸡"，叫法罕见，世俗乍见，会觉不伦不类。但能叫响又能实行者，是赋予妇女着装健美的意味，过膝的"雄鸡"女袜更是别开生面。女袜的副品照例分等次，分别贴上"金鸡""红鸡""黄鸡""蓝鸡"的商标。

针织科的两种名袜在全国市场获得了信誉，带动了针织科的毛衣、手套、毛巾、头巾、护膝、耳包等多种产品的生产，使针织科开始兴旺（由于白熊牌袜子的精良，其织袜机于新中国成立后卖给了北京针织厂）。

《哈尔滨同记工厂名牌产品的形成》

❖ 王立民：永年小人糖与"东来香"

永年小人糖乃同记首创（后被秋林学去改为大虾糖）。创造发明小人糖时，大罗香食品厂已归同记工厂领导，故改称食品科，开始不断研制新糖果。当时研制投产了一种圆筷子状的糖果叫紫金棍。这种糖果沾上咖啡卖8角一斤。工人们拿着样品在食品科品尝时，工厂副经理王若愚来了，品尝之后说"吃着很好，可是一般人吃不起。"接着就对张汉臣等科主任说："咱们研制一种既便宜又好吃的糖不行吗？"张汉臣说："怕一下子研究不出来。"王若愚笑着说："失败是成功之母，日本的参茸奶糖经过几百次失败，最后还是成功了嘛！"于是食品科主任张汉臣组织研制新品种——小人糖。从春天开始，直到年末才研究成功并开始投产。在研制过程中仅白糖就用掉10500斤。这种小人糖不仅香脆可口，多吃不厌，其式样像姿态各异的小男孩，投放市场后，倍受社会各阶层群众的欢迎，并很快被双城、海林、富锦、讷河等地的老客（即采购员）包下来。为了开辟哈尔滨的市场，工厂每天派出4台手推车，为全市各摊床送货，全市的大街小巷都在卖小人糖。

永年牌小人糖，因曹操诗《龟虽寿》末二句"养怡之福，可得永年"

而起，寓意吃永年牌小人糖可使身体健康益寿延年。中国是糖果的故乡，硬糖最早由我国发明，3000多年前我国就有饴糖（即麦芽糖）的生产，并留下了"祭灶"的风俗习惯。只是近两个多世纪，我国落后了。同记工厂在全国首创了永年牌小人糖，为我国糖果生产填补了夹心糖的一项空白。这种小人糖属夹心糖中的酥心糖品种，选料精良，做工细腻，馅的主料是芝麻、花生。先称重、拣选、烧炒、去皮，之后研磨成麻酱状，配料砂糖经过155℃—160℃的溶化熬炼，过滤后先将芝麻、花生酱制心提酥，又经拉丝光与色素制成外衣，而后通过包心，保温成型（各种小孩模具状），直到拣选、小包装、大包装而成为出厂产品。

当时在全国还没有第二个生产这类酥糖的厂家，直到第四年，道里维克多利和秋林洋行才开始生产。同记为了与其竞争，便采取了有奖销售的办法，凡买一小箱（120斤）者奖售6条毛巾，买一大箱（180斤）者奖售一对枕套。每天可生产2000斤。

著名的永年牌小人糖问世以来，不仅以其"滋味佳美、材料丰富、人人爱吃"成为全国闻名的小食品，而且今天仍为人民群众所喜爱。

在食品中一个相当大的领域就是糖果，样式虽小，但千变万化。两个世纪前，它还是少数人的奢侈品，普通人享用不了。但由于糖果工业应用技术的提高，糖果越来越显示出老少皆宜，贫富均爱的特点。同记工厂继永年牌小人糖之后，所生产的咖啡糖、电光球糖均达糖果工业的先进水平。在这个价廉、可口、食用方便提供人们营养和热量的领域内，同记工厂的糖果制品先后有100多种畅销于哈尔滨市。

现在人们爱吃的鱼皮豆，看来工艺过程很简单，可是当时研制的时候确实不易。这还要从头说起，同记工厂的艺术家张若喧去上海参观学习，一天到上海黄金大戏院看戏，看到这种豆，买了一袋，吃起来又香又脆，就又买了两袋。第二天到各商店转了一下，却没有卖的。他就把这两袋带回哈尔滨，请食品科的同事品尝，每人最多3粒，结果大伙同声称赞。便决定试制鱼皮豆。经过两年的时间才研究成功。当年食品科有一个学徒是北京人，把这种技术带回了老家，这才有了著名的北京鱼皮豆。

机制电光球糖在哈尔滨是首创，其制造技术是张汉臣从日本学来的。在大罗香食品厂初建之时，曾派张汉臣东渡日本，经驻大阪老客介绍到最有名的参茸食品店学习糖果、糕点的制作技术。由于当时技术封锁，主要工艺过程都不让看。经过一年多的时间，只是偷艺学到几种糖果、糕点的制作，尤其是电光球糖的制作。张汉臣回国时买了日产的制造电光球糖的机器（转锅），一回到同记便投入了生产。所产电光球糖，被人们誉为新奇货，在全国也屈指可数。

　　同记工厂生产的高级糖果有酒芯糖、咖啡糖等数种。酒芯糖是以法国名酒做夹芯，咖啡糖是以桃仁、榛仁、瓜仁、蛋白做酥芯馅。同记对高档糖果的包装也很讲究，里面裹一层江米纸（软纸），中间夹一层蜡纸，外面包一层金银纸。

　　同记工厂生产的糖果，行销全国各地，被北京誉为"东来香"。

▷ 同记工厂的糖果广告

　　同记工厂的糖果生产，居哈尔滨之首，在全国也处于领先地位。据1934年记载，当时食品科有正式工人100多名，临时工200多名，糖果生产达200余种。年节加班时，日产量可达6000斤以上。据1939年12月《北满经济同报》发表的"哈尔滨用糖工业砂糖消费量调查表"统计：1938年4家点心制造业用糖163142斤，同记工厂用糖72142斤，占44%；1936年（前11个月）总用量116650斤，同记工厂用糖78000斤，占67%，1938年9家糖果制造业用糖总量是2307690斤，同记工厂用糖754270斤，占33%；1939年（前11个月）总用糖量是12678938斤，同记工厂用糖量827700斤，占30%。从历史的数据中不难看出同记工厂的糖果生产居同行业之首。

《哈尔滨同记工厂名牌产品的形成》

❖ 金宗林：哈尔滨民族资本集团中的首富

▷ 双合盛制粉厂

双合盛制粉厂在买进时，仅是一个规模不大的木制三阶段的小厂，生产能力刚刚达到日产33000公斤（最高日产量）。但这个厂生产的红雄鸡牌面粉曾在欧洲面粉展览会上获奖，因而在哈尔滨及东铁地区信誉较高。张廷阁在买厂时，很大的原因是看中了该厂的面粉质量和信誉，故将其商标及原面粉袋图案（上有红雄鸡商标及欧洲展览会奖章图案）也一并买下。工厂在经过简单的检修后，于1916年1月正式开工生产，日产量当时就增至48500公斤。那时，正值第一次世界大战之际，日、俄两国都到我国东北地区来购军粮。加之国外面粉输入的中断和俄国政府对中俄边境贸易限制的取消，哈尔滨制粉业在市场上所受到的外来压力和限制已不复存在。哈尔滨面粉不仅恢复了在东北南部和俄国边境地区的市场，而且还深入到了直隶、山东和俄国腹地。张廷阁见此机遇，又相机增添了机器设备，使日产量上升到72800公斤，较盘进厂时增加了一倍。

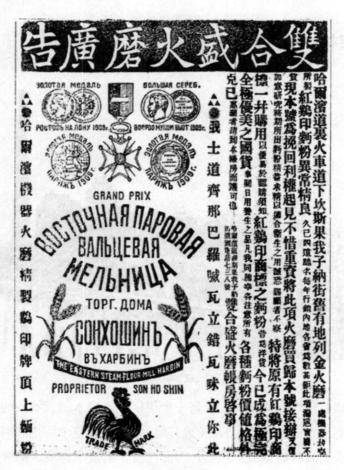

▷　双合盛火磨广告

双合盛的红雄鸡牌面粉因吃水量大、筋力强、色白，在中东路沿线地区独得好评，不论市场行情如何，生产一直供不应求。张廷阁看准了这个势头，决定扩大生产规模。1928年，张廷阁从德国、瑞士订购了先进的制粉设备，在原厂址（道里买卖街）另建新厂房。1929年4月，新厂破土动工，年底全部厂房建成。次年初，机器设备运到后，就开始了紧张的安装。年底，新机器试车运转（同时拆除旧厂），日产量达154000公斤，较旧厂又翻了一番。此时，双合盛制粉厂共有27盘碾子（进口25盘，旧厂移过两盘），成为哈尔滨制粉业中设备最先进、机器最多的大厂。其后，张廷阁又于1936年再次购进德国、瑞士的机器设备，又增加了一批碾子，使日产量达到220000公斤。从此，双合盛制粉厂面貌一新，不仅产量常居于同业之首，且因产品质量、商标名声、公司信誉之高，使得其他厂家不能与其竞争。20余年中，双合盛制粉厂一直是双合盛无限公司各企业中赚钱最多的工厂。

双城堡火磨在盘进时因机器设备陈旧，生产管理混乱，产量一直不高。经调整、检修后，最高日产量曾达到66000公斤。张廷阁又抓了该厂的面粉质量，使其产品在质量上基本和哈厂相仿，所以销路一直很好。1931年，哈尔滨旧磨拆除后，张廷阁曾运去了一些旧厂拆下的机器设备，更新了该厂原有的旧机器，使其产品的产量和质量又有了进一步的提高。尽管双城堡制粉厂的规模不大（只有17盘碾子），但每年平均都能有十多万元的进项。

双合盛皮革厂是张廷阁转办工业后唯一自己动手兴建的企业。民国初年，张廷阁在考察国内工商业情况时，曾顺道去张家口一带考察毛皮业情况。当他看到外国商人廉价在我国收购毛皮，制成皮革后又重价在我国销售的情况后，就产生了创办皮革厂的念头。但当时他尚未有建厂经验，各方面条件还不成熟，所以，就没有贸然动手。1920年时，他已成为资本雄厚的实业家了，恃着实力，便开始筹划皮革厂的兴建工作。首先建成的是一座7000多平方米的宽大厂房，接着又建成了2000多平方米的仓库、办公室、宿舍等设施。张廷阁平生最信服德国、瑞士的机器，这次又是从德国订购了全套的新式制革机。1922年，机器设备全部安装完毕，正式开工生产。就当时情况来说，双合盛皮革厂属于国内最先进的制革厂之一，最大日加工能力为底皮80张、软硬皮50张、法兰皮50张、羊皮200张。

皮革厂开工初期，由于进口皮革充斥我国市场，产品销路不畅，时常积压大量资金，获利也不大。张廷阁见皮革厂潜力很大，在皮革滞销时就令其转产，生产一些皮大衣、毡帽头、毡靴等应时大路货，保证了皮革厂生产任务，尽可能地做到不赔钱。日伪统治后期，在双合盛各企业经营不景气时，该厂却因进口皮张减少而大大盈利。仅1939年一年，皮革厂就获纯利930000余元伪币，成为当时双合盛各企业中最赚钱的工厂。有几年，双合盛各企业都亏损赔钱，整个公司的开销全靠皮革厂的盈利。

从1924年至1939年，双合盛还承办了十几年的松花江航运事业。1924年，奉系军阀张作霖曾为收回内河主权，下令一律禁止外国轮船在松花江航行。同时，张作霖电召张廷阁、王魏卿（东亚轮船公司经理）、马希圣（大同粮栈老板）去奉天商讨收买俄人索斯金公司之轮船。当时，张廷阁无意出资买船，但张作霖指定由双合盛等三家公司联合接办索斯金航业公司。张廷阁没有办法，只好照办，而且还要出50%的资金。

当时买进的船共有四条火轮，其中青岛号最大，500匹马力，威海号最小，200匹马力，烟台号和济南号各为300匹马力。买进的拖轮共有12条，分别以十二生肖命名，载货吨位400至1000吨不等。随后，成立了奉天航业公司，张廷阁任经理，账房就设在双合盛，公司业务由双合盛代管。该公司自开办以来，沿江运输货物繁忙，连年获利。据当事人杨云程回忆，仅两年的盈余就收回了全部投资。从1927年正式营业至1939年被日寇强制收买这12年间，航业公司共盈利197万元。平均每年盈余额16万余元（哈大洋、伪币）。出乎张廷阁预料，航业公司竟成了双合盛各企业中投资不大获利较多的一个企业。张廷阁是从不放过任何机会的，他见航运业有利可图，便于1927年又投资（也是三人合资）买了钢牛、富江、江元、江享等四条客船与拖轮，成立了兴记航业公司。

此外，双合盛从20年代就开始经营房地产事业。双合盛名下的房产遍布东北及北京等地，共几十处，每年仅房租就有几万元的进项。

▷ 双合盛总账房

　　双合盛在哈尔滨名噪一时，张廷阁更成为工商界著名人物。双合盛是哈尔滨民族工商业中资金雄厚，实力最强的资本集团，这是世所公认的；但实有资金多少无从考查，就连多年在账房工作的高级职员也不知其底细。伪满中期伪中央银行曾对双合盛财产进行过估算，除北京啤酒厂外总资产达1000万元以上（伪国币），远远超过了哈尔滨的其他民族资本集团，一直处于哈尔滨民族资本集团中的首富地位。

《张廷阁其人其事》

❖ **祝新林：**哈尔滨制油业

　　用大豆制造豆油是由中国人发明创造的。制油业是东北最古老的工业部门之一。哈尔滨的制油业是在1905年以后，由创办家庭油坊开始，到

1908年有家庭油坊4家，生产大豆油和其他植物油，供本埠居民食用。

随着英国太古洋行在营口开设蒸汽制油工厂，使用螺旋式榨油机或水压式（气榨）榨油机的蒸汽油坊，相继在东北地区兴起，到1910年大连就有机器油坊35家。1912年，在哈尔滨开办了两个机器油坊：一个叫东和油坊，在埠头区；另一个是洪盛佑油坊，地址在八区。后来逐年发展，到1915年有15家，1923年有43家，到1927年超过50家。这50多家大油坊分布在道里、八区、道外、香坊和顾乡等地区。企业的固定资本不少于1000万元，生产能力一昼夜加工大豆的数量超过20万普特（1普特等于16.38千克），年（按300工作日计算）加工能力为6000万普特以上或100万吨左右。当时哈尔滨几乎所有的油坊都是中国人经营的，只有一家属于欧洲洋行——英中东方股份公司。

哈尔滨近代工业油坊的发展，主要是由于产品外销和第一次世界大战影响的结果。在日本化学肥料工业还没有发展起来的时候，我国东北油坊的副产品——豆饼，曾独占了日本的肥料市场。日俄战争以后，我国东北生产的豆饼开始向日本出口，并且逐年增加。与此同时，在西欧国家的饲料市场上，豆饼又是奶畜的主要饲料之一。在第一次世界大战期间，从东北出口的豆饼增加了一倍多，每年从73万吨增加到150万吨。豆油的出口几乎增加了两倍，从4.4万吨增加到12万吨。欧美国家对哈尔滨豆油的强烈需求，也是构成哈尔滨近代机器制油工业大发展的因素之一。于是，采用德国、美国、日本等国家先进机器榨油设备的哈埠民族资本经营的制油工厂纷纷建立起来。特别是在第一次世界大战期间，群众性的"抵制外货""实业救国"的反帝爱国运动，有力地支持了民族资本对帝国主义经济侵略的抵制，促进了哈尔滨机器制油工业的发展。

哈尔滨最大的民族制油企业有如下几家：1914年开业的裕达制油工厂，该厂固定资金为8万元，装备有60台水压式榨油机，一昼夜能加工大豆200吨以上；1920年开设的广信制油工厂，装备有40台水压式榨油机，一昼夜能加工大豆135至140吨；双合盛商号油坊，也有40台水压式榨油机，其生产能力也和广信制油厂一样；东聚（新泰）油坊，开创于1913年，有36台水压式榨油机，一昼夜能加工大豆80吨以上。此外，还有德顺福、丰泰亿等油坊也有相当规模。

▷ 丰泰亿油坊

以下客观条件也促成了制油工业在哈尔滨的发展。

1.原料供应充足。东北是我国大豆的盛产区，历年大豆产量不仅在国内占第一位，就是在世界大豆产量上也占首位。如1919年世界大豆总产量713万吨，中国同年产量为580万吨，占总产量的81.2%；日本为72万吨，占总产量的10%；朝鲜为60万吨，占总产量的8.4%；美国为1万吨，占总产量的0.4%。再如1931年世界大豆总产量是800万吨，而东北地区就产大豆530万吨，占世界总产量的66.3%。1931年东北油坊消费大豆为180万吨，占东北大豆产量34.2%；哈尔滨油坊消费大豆34万吨，占东北年产量的6.3%。历年来油坊生产所用大豆，最高只占东北大豆年产量的11.2%，最低只占3.2%。由此可见，哈尔滨油坊的生产原料是十分充足的。而且油坊业生产所用的燃料和辅助材料也是东北的土产：煤炭、油草、麻等，这对油坊业的发展都是有利的条件。

2.产品畅销。第一次世界大战前，哈尔滨的油坊产品，豆饼主要是向日本销售；而豆油则只限于当地销售或供给国内民用，外销很少。而战后，不仅豆饼大量向日本销售，豆油也销往欧美市场。由于油坊产品畅销，一部分商人便投资于制油工业，并尽力生产。如1918年哈尔滨豆饼产量63.951吨、豆油产量7.029吨；而1919年豆饼产量上升到143.213吨、豆油产量上升到15.756吨。油坊户数也从1918年的18户，增加到1922年的32户。

3.交通运输方便。从地理上来看，哈尔滨地处东北北部中心，水陆交通便利，是贯穿南北的交通枢纽，对制油业原料和产品的运入输出极为便利。如1925年至1934年，由中东铁路运往海参崴库口的大豆为553万吨、豆饼288万吨、豆油11万吨。1931年至1932年通过松花江，由依兰、佳木斯、富锦等地运入哈尔滨的大豆达62万吨。

《哈尔滨制油业》

❖ **任廷玺**：哈尔滨成记针厂

哈尔滨成记针厂，创建于20年代末期。它是以生产针织业用机针的专业工厂，是东北最早的制针厂之一，又是黑龙江、吉林两省仅有的一家制针厂。在与同行和外国产品的竞争中，成记针厂克服种种困难，付出了很大代价，才逐渐打开了销路，占据了市场。30年代中期，哈尔滨成记针厂由生产单一的机针,逐渐发展成为制造针织横机、圆机与机针相配套的企业,在省内外都享有盛名,产品畅销全东北,远销到朝鲜。

成记针厂经理任守卿,山东牟平人。13岁随父去海参崴,成年后就在当地当店员学生意。几年后又与人合伙开设永成号货店并任经理,经营靴鞋材料、制鞋工具、棉纱、五金等。永成号开业几年很有起色,利润相当可观,仅街面流动码子(临时赊欠)就有15万左右的现大洋,财产总值达到45万现大洋。

任守卿除在永成号担任经理外,个人又出资在海参崴开设永茂盛针织工厂。当时,针织业使用的机器设备和使用量比较大的机针在国内尚不能制造,要依靠从外国特别是日本进口,不但周转时间长,而且在价格上也比较贵。任守卿等人意识到,在国内建立制针工厂好处很多,原料用得少,而售价较高(每百支一元以上)。虽然费工较多,但劳动力低廉,如能在国内生产机用针,必有厚利可图。于是任守卿等四人合议,决定在国内办针厂。

1929年,任守卿与王日暄在烟台针厂选择了优秀技术工人李儒杰、崔玉璋等多人,正式在哈尔滨建厂,定名为哈尔滨成记针厂,由任守卿担任经理,资金为12000元,厂址选在道外北十五道街成泰益制粉厂的东侧。哈尔滨成记针厂所有机器设备、钢丝原料、工具钢板等都是从日本大阪进口。所有机器设备动力来源,全都依靠一台2.5马力的电动机,通过吊杠大、小轮的传动,带动全部设备的运转。制针业的工序比较复杂,从下料、装配、淬火到最后包装共有40多道工序,大部分靠手工操作,劳动强度较大。哈尔滨成记针厂开工时只有40人,1938年后职工增加到200多人,年产机针550万—600万支。随着生产的发展,哈尔滨成记针厂的资金越来越雄厚。为了竞争的需要,从1936年至1940年,成记又出资收买了振昌机器厂,开设了成源机械厂。此后,除了生产机针以外,又开始生产与机针相配套的针织横机和圆机,成为我市仅有的一家针织机械厂。产品畅销东北各省、市,远销到朝鲜的平壤和釜山等地,在省内外都享有盛名。

《哈尔滨成记针厂》

❖ 沈仲林：大活最好把祥泰找

祥泰铁工厂是哈尔滨民族铁工业中创业最早，规模最大的铁工厂之一。它创建于1914年，起初在道外水晶街建义升铁工厂，后又扩建更名为祥泰铁工厂。早在20年代，它以翻砂铸造机械大件，特别是制造全套制油机械著称于哈埠，过去有句老话"小活义兴成最好，大活最好把祥泰找"。

祥泰铁工厂创始人王秀和来到哈尔滨，正赶上一些俄国人开的铁工厂招工，王秀和舅舅已在傅家甸一个商店当了掌柜的，就请他做保，到道里七道街一家俄国人开的铁工厂考工。本来他是碰碰运气看，谁知这次碰正了，当上了学徒工，这就是王秀和铁工业生涯的开始。

因为他是中国人，又不会俄国话，就把他分到俄国人不愿干的最脏、最累的铸造车间，不仅学铸造翻砂，还要看熔炉，一个人干两人的活。王秀和为了学到技术忍受了这种极不平等的待遇。好在他的俄国师傅是个好人，又会说中国话，对他事事照顾，耐心地教他技术。王秀和年轻力壮，聪明好学，吃苦耐劳，每天在烟熏火燎的翻砂车间一干就是十几个小时。他如此的苦干和虚心好学，老师傅很受感动，把自己掌握的铸造绝活全部教授给王秀和。

老师傅回国后，王秀和不乐意再为白俄厂长干活，就和两个师兄弟退出这个工厂，凭着自己技术，与师兄弟商量自己开个小铁工厂，可是道里没有中国人立足之地，只好来到当时由吉林管辖的滨江县境（道外），在水晶街头买块地，三个人一齐动手盖个板夹泥的小平房，并凑上几百元钱，购置了一个小铁炉，一个木风匣、铁冲子、铁锤等工具，又招两个学徒，一个做饭兼干杂活的伙夫，起初总共6个人。三人合股，由王秀和任厂长，另外两个师兄弟一个专管后勤，一个专管对外揽活和出售产品。厂名叫义升铁工厂，工厂就这样办起来了。

当时由于没有什么机械，只能做些小活，如炉门、炉盖、生铁炉子等。每天生产出来的产品就让两个学徒背上到道里八杂市去卖，当时只能维持6个人的生活。后来哈尔滨发展起来，不管穷人家还是富人家都需安炉子取暖、做饭，加上王秀和铸出的四脚铁炉美观好用，不仅住家户到工厂来买炉子，一些杂货商店也来厂子订货。义升铁炉出了名，渐渐工厂也出了名，随之产品销量越来越大，6个人昼夜忙也干不过来。于是王秀和把胞兄王秀海、堂弟王秀杰、王秀峰，表弟常左隆从老家叫到哈尔滨，来工厂学徒干活，并由王秀和出资给他们入股，义升成了家族式的工厂了。从这年直到1918年，由于同心合力，3年共获利达3万元（奉洋）。

王秀和看到哈尔滨发展如此之快，感觉不能固守义升小工厂，特别是哈尔滨的制粉、制油、航运等业迅猛发展，小工厂已不能适应社会需求。于是与股东商量，应尽快扩大工厂和增加产品，经大家反复商量，最后一致同意扩大工厂，招进车钳技师，当时有蒋东臣（大工匠）、沈仲林（技师、好友）、杜永训（技师好友）三个好友进厂都入了股，成为股东。人、财、物俱全，于1918年7月在滨江县许公路南（现道外南马路32号）买下1500平方米土地，盖起300平方米的板夹泥厂房，内部设有翻砂车间、机械车间、产品原料库、职工宿舍。在厂房侧面盖了两间木板结构的办公室，一间为账房，另一间为经理室，厂名叫祥泰铁工厂。起初虽然设有两个车间，可机械设备并不多，因为没有电，机械车间又购置一台人工手摇大轮车床，这种车床干起活来非常费力，还购了一些机械车间使的小工具，如手摇钻等，全厂有8人投股，共投1万元为工厂资本金，定每股100元（奉洋），共100股，定三年为一账期，不找后成。工厂设经理一人，由王秀和任，副理由王秀杰任，厂长由技术全面的蒋东臣任，主管两个车间生产。全厂由6人增至28人，工人多为徒工。生产范围，一是保证老产品的生产和销售，如四脚铸铁炉、圆筒炉、大炊炉门、炉盖等，此产品一直畅销；二是开辟生产新项目，向制粉机械维修、制油机械制造、江船修造发展；三是在工厂左侧开个小门市，专揽小活干。

祥泰铁工厂从更名后一直顺利发展，盈利甚厚。哈尔滨有了电后，祥泰就从大连、日本购进不少台适合加工、制造、修理制粉、制油、船舶的机械。机械车间很像样了，崭新的机床一排，机器一开隆隆响，真像个大工厂，工人劳动大大减轻。铸造车间也添设不少新设备，电鼓风机一装上，工人再也不用拉风匣了，炉火烧得旺。这时祥泰铁工厂职工增加到近200人，资本金增值到10万元，每股由100元增值到1000元哈大洋。同时增加了固定资产，在道外南马路买了一处平房，承德街买了一处平房，共有750平方米，房屋比较破旧，但价钱很便宜，实际上王秀和不是为了买房子，而是为了今后扩大事业时再翻建厂房。此时，祥泰生产能力跃居哈尔滨民族铁工厂之首，它不仅能修造大中型江船，修配火磨机械，而且还能制造安装成套油房机械。它承揽了哈尔滨境内东省特区和滨江县各火磨、油房机械维修、铸造部分机件业务，还承包齐齐哈尔、望奎、绥化、勃力、肇东等广大北满地区的火磨维修和油房制造安装业务，仅在安达一地就建了大小6个油房。这是祥泰铁工厂的鼎盛时期。

《王秀和创办祥泰》

❖ 张子建：公和利呢绒绸缎百货店

光绪三十年（1904年）刘汉章选中哈尔滨，认为哈尔滨离日本势力远，可在这里大干一场。这年8月，他把近半数资本投到哈尔滨，在东省特区道里天道街（后改新城大街，现在尚志大街）购买土地建起500多平方米砖木结构的门市平房，为公和利最大分号。并由旅顺口老柜派出老职员叶恒的来哈店任经理，还挑选三十几名老伙计为技工骨干。开业时投资1万两白银，以前店后厂形式对外营业，主要产品为黑白布，产品很受欢迎，成了畅销货，当时哈尔滨仅有的几家中国布庄，天丰涌布匹杂货店、福丰号百货店等都到公和利进货。

▷ 公和利所在的新城大街

1905年9月5日，俄日两国无视中国领土主权，签订了《朴次茅斯和约》。俄国将包括旅顺、大连在内的辽东半岛租借权和中东铁路南线以及与此有关的一切权益转让给日本。日本大批商品倾销南满，渗透北满。特别是丝绸、布匹占据整个南满市场，公和利旅顺口总号遭到打击和排挤。刘汉章采取转业办法，把工厂关闭，资金投入门市，改为公和利呢绒绸缎布匹百货商店。利用日本商人急于倾销商品的心理，代销日本丝绸和布匹，扩大自己的流动资金。哈尔滨分号也相应紧缩工厂扩大营业部，其他分号也都是以商为主，主要经营呢料、丝绸，代销日本布匹等类。

第一次世界大战爆发，各帝国主义国家都忙于战争，中国民族工商业开始发展，公和利也发展相当快。刘汉章一面巩固发展老行业，一面向多行业发展。1915年首先在一面坡投资，建公和利一面坡火磨，同年把道里工厂的纺织印染机器全部投入吉林管地滨江县傅家甸建起共和彩印染厂、利记袜子工厂；1916年又在傅家甸江沿（道外北九道街）开设公和隆食品蔬菜批发店；1917年向北满内地延伸，在富锦县建立了裕隆祥百货商店等。

俄国十月革命胜利，世界各帝国主义国家惊恐万状，组成协约国军，纷纷驻进哈尔滨，哈尔滨成了转运站，许多军队就地充实给养，大批外商拥进哈尔滨来发战争之财。这种客观条件也使哈尔滨工商业得以进一步发展。哈尔滨公和利发展更快，资金高达10万两白银，营业额近百万两白银。世界大战以后，丝坊和绸缎业更加兴旺，刘汉章把绝大部分资金投到北满地区，把旅顺老柜迁往长春分店，资金一部转入烟台钱庄，一部投到哈尔滨公和利，以哈尔滨为中心，向北发展，两妻七个儿子为股东，并分到各分号当财东。1924年大兴土木，在道里新城大街，投巨资建筑一座与俄国彼得堡奎斯卡娅大街上的百货商店一样的欧洲古典式三层大橱窗商业大厦，当时在道里商业区中也是鹤立鸡群。从此道里公和利以大型现代商业问世。美丽壮观的欧式大楼，中间开门，两侧各两巨大橱窗，摆着招人喜爱的各式商品。一楼为杂品百货部，二楼为销售各种中高档布匹的丝绸部，三楼为销售俄国和欧洲日本产品的呢绒部。伪满后期，由于日本经济封锁和控制，哈尔滨公和利经营商品也随之有所改变。40年代，一楼还是杂品和食品两个全部，二楼为呢绒、丝绸、布匹部，三楼为瓷器、乐器、体育用品、鞋帽部，全店职店员保持百人左右。

公和利从民国时期至1941年前一直为上升时间，1919年，资本增值为10万两白银；1923年，资本增值为16万两白银；1929年，货币单位改为哈大洋，资本增值为28.8万元；伪满时期，1932年货币单位改为伪币，资本增值为28.8万元；1939年资本增值为40万元；1940年资金增值为60万元；1941年资本增值为80万元。这也是哈尔滨公和利的鼎盛时期。

《公和利呢绒绸缎百货店》

❖ **陈宗瑜：哈尔滨西服业**

清末时期，随着东清铁路（中东铁路）在哈尔滨修筑，大量外国人云集而来，当时除白俄外，有英、法、德、日、波兰等十四国领事馆设在哈尔滨。1917年俄国十月革命成功，大批白俄和其他外国人从苏俄流往哈尔滨。从此，哈尔滨逐渐成为国际交往频繁的中心城市。一些受西方影响较早的宁波、奉化、上海等地的西服工人，开始陆续来到哈尔滨谋生，为中外人士缝制西服，自此，诞生了哈尔滨民族西服业。

▷　埠头区的外国服装店

　　哈尔滨西服业的形成，据《远东报》记载和84岁退休的服装工人周宏炳回忆，他1916年（民国五年）来到哈尔滨，在宁波人殷伦沫开设的协兴洋服店学徒，协兴洋服店是1911年春季在道里外国六道街路北（现大安街路北）开办的，是哈尔滨中国人开办洋服店较早的一家。此后，邱生和陈宝生等人开设了李同一西服店、新太昌西服店等。外国人在哈尔滨早期开办的西服店有都鲁金西服店，1907年开业，地点在道里中央大街，掌柜的叫都鲁金，犹太人。阿尔登西服店，设于道里外国四道街（红专街），于1910年开业，掌柜的叫阿尔登，波兰人。这家西服店专做男活，有十多名工人，西服技艺很高（多是宁波、奉化人）。有位宁波老工人叫陈阿根（绰号反正面阿根），在阿尔登西服店干了八年，其技艺之高全行业公认。特点是精工细做，内工过硬，前指口、脖头，做到里外服帖，久穿不走形，很受中外顾客欢迎。1925年阿尔登西服店迁往上海营业。其次还有司特洛衣洛夫西服店、果力得夫、瓦尔沙夫女西服店，他们是1917—1932年开业的，地点都在道里中央大街或中央大街以西的外国几道街。

据《哈尔滨工商名录》记载，新中国成立前外国（欧洲）人开的西服店有22户，工人74人。俄国人19户、波兰人2户、匈牙利1户。又据1937年《哈尔滨工商名录》记载，第二次世界大战前，日本在哈尔滨开设的西服店45家。如青木、太田、坂上、大和田等西服店，1939年有28户，到1941年剩26家。这些洋人开办的西服店雇用的裁缝工人，大多数是宁波、奉化人。

随着外国人和侨眷在哈尔滨出入频繁和日益增多，从而女式西装也应时而兴，此时，哈尔滨开始有"男活"与"女活"之分，做男活的多系宁波人，做女活的多为上海人，另外分硬活（呢毛料西服及皮大衣）及软活（女西服、裘皮大衣、布拉吉、内衣等）。在此时期，裁缝业有"本帮"（做中式长衫、上下短身、女旗袍等多为本地人，少数浙江人）和"虹帮"（做西装，多为宁波、上海人）之分。就西装来说，从海参崴传入的"俄国派"（罗宋派）和南方传入的"英国派"，这些流派互相借鉴。哈尔滨早期西服业，多集中于道里区，南岗次之，道外寥寥无几。到1918年道里区沪、宁两帮西服店已有60余家，西服工人有四五百人。

在辛亥革命影响下，1916年在哈尔滨由穆淑芳女士发起，创办了兴亚女工厂，地址在付家甸（道外）北小六道街，首批招收女工20余名，承做学生操衣、军服等，后因资金不足，惨淡经营数年关闭。十月革命后的20年代，西服业在哈尔滨进一步兴起，这时男女西装并驾齐驱，起初男女西装兼做。20年代后期受英国"维新时装"影响，男女西装分开经营，女式西装定名"时装店"。

1927年同记工厂设洋服科，技工有70多人，电剪子裁剪，机器缝制，从此，哈市西服业迈开工业性生产第一步。1932年日寇侵占哈尔滨，又传

▷ 张定表西服店广告

入日本流派西服。30年代初期哈市已组织洋服、衬衣、缝纫、估衣、新衣五个同业公会以维护行业利益。当时人数达330人，其中洋服业就有260人。整个30年代，哈市西服和时装业经过深钻和实践操作，在技艺上获得很大改进和提高。在这个时期，可以说哈市西服技艺已达到炉火纯青的程度，并负有盛名，风靡全国，可与各地媲美。当时较有名气的西服店，道里有亨利西服店、利泰西服店、张定表西服店、兴鸿西服店（掌柜的何兴厚、陈哲明、张余庆、张定表、石成玉等都是技术高手）；南岗有新昌西服店；道外义昌西服店。这些西服店终日顾客盈门，活计常流不断。尤其是张定表和兴鸿西服店石成玉（又名石阿祥）两人都是被同行和社会公认的具有高超西服技艺能手。他们不仅技艺出群，而且还掌握市场需求特点，为提高西服质量开展竞争，都高薪争聘技术工人，并用上等原辅材料，精工细作，按期交货。他们多数人又都会俄、英、日等外国语言，接待外国顾客非常方便，更主要的他们熟悉外国人体型特征，从接待顾客到置体、裁衣、试样、缝制、烫熨，特别懂得造型设计与顾客心理爱好。为使顾客满意，在服装做成前，有的都试两遍样子，遇特殊体型的，要试三遍样子。西服做成后，为顾客着想，还备制一个领面，以备磨损更换。

据同行业介绍，张定表西服店掌柜的张定表，他是浙江宁波人，早年在上海学西服手艺，民国初年来到哈尔滨，在犹太人开的都鲁金西服店做活儿，在此西服技术迅速提高。1929年张定表自立门户，于道里中央大街路西，开设了张定表西服店，开业后由于技艺高超，颇得中外人士称赞，顾客盈门，生意兴隆。张定表亲自培训徒弟有20多人，现在健在的有孙立先（张定表大徒弟，山东掖县人，他掌握了张定表西装全部技艺，在店内负责技术管理），由于张定表西装技艺声誉高，在1939年被伪满皇帝溥仪请到新京（长春），为他和其他各伪大臣做西服和"协和服"（伪国制服）。

兴鸿西服店掌柜的石成玉（又称石阿祥）是宁波人，30年代初期，在哈尔滨道里外国四道街路北（现红霞街路北）开办兴鸿西服店，规模虽不算大，经常近20人干活，石成玉本人缝制西服手艺很高，他的技艺特点是从置身、裁剪、试样、烫熨整个操作过程都一丝不苟。他在带徒弟过程中，要求很严格，从1921至1940年西服兴盛时期，他有门徒达百余人。40年代初离哈去北京开设兴鸿西服店。抗战胜利，新中国成立后50年代初，由于石成玉服装技术在社会上名声很高，曾为中央领导同志做过中山装和西装。在北京石成玉以其技艺，堪称首屈一指的服装技师，曾博得社会上"服装博士"之称。

《哈尔滨西服业回顾》

第四辑

远东第一城，
小买卖也能顾客盈门

❖ 刘炳富：话说哈埠理发业

最早在清光绪初年（1880年），有位湖北广济人高凤谊，带领六七个人，从家乡逃荒或生活没法维持，挟包、挑担长途跋涉步行到烟台、大连。十几年后他们来到哈尔滨，开始为人剃头、勒辫子、刮胡须。随着哈尔滨城市的迅速发展，工商各行业的出现，人口不断增多，理发的需要逐渐扩大。尤其是自1919年五四运动以后，由于新文化蓬勃兴起，人们的头发式样也随着变革；不仅男人的辫子被废除了，同时女人剪短发也日趋普遍时兴起来。因而理发行业随着社会的变革和人民群众的要求，逐渐得到新的发展和变化。后来剃头业统称为理发业，剃头棚改称理发店，剃头匠称为理发员（师）。

1908年，有位叫舒三的湖北人来到哈尔滨傅家甸（道外）开始流动理发。不久他在丰润七道街路南，租了10平方米大小的门市房，放两把高低凳，外挂两块营业布幌子（用半尺方白布，一尺长、二寸宽的木板钳着），上面写着"湖北剃头、朝阳取耳、清水洗头"几个黑字，开设了哈尔滨中国人头一家固定坐屋剃头棚，这就是哈尔滨第一家理发店。1909年湖北广济人蔡竹坡、李润年等人，随同家乡人挑着剃头担子，边走边剃头维持生活经大连来到哈尔滨，起初游街串巷，拉棚单干，在舒三开的理发店吃过一段劳金。1912年（民国元年），蔡竹坡在道外裤裆街（天一街）租了一小间门市房，有两三个人开了个理发屋，当时没有字号，与舒三剃头屋一样挂着两块白布幌营业，晚间蔡竹坡住吊铺。不久，像这样的理发店发展到十多家，店面都很小，设备简陋，技艺不高，营业座位使用两条高低木凳子，用一二面小玻璃镜子挂在顾客对面墙上，下面搁置一块木板，放剃头等工具。这时街头巷尾流动理发业者也有40多人。

1920年后，哈尔滨理发业得到进一步发展。蔡竹坡在原理发基础上，经过扩建，起字号一顺记理发店，当时有十几人干活，营业室设置活动木理发椅。1928年邻居水果店失火被烧，房东蔡玉春用火灾保险金盖起现在一顺记的二层楼房，由蔡竹坡租用，楼下做理发店营业室，安放15把从日本进的皮木理发转椅（后改设磁转椅）和5把烫发椅；楼上住家眷和理发工人。当时从家乡招用一批贫苦的学徒工，从而使一顺记营业迅速扩大，工人最多达40多人。1929至1935年湖北人开办的春发记、万发记、永顺记、德顺记和河北人开设的德立堂、玉永轩、三义轩、德利轩等理发店先后相继开业。据有关资料记载，这时期理发业已发展到33户，80%设在道外，南岗、道里次之。

▷　1938年道里端街的理发店

　　30年代出现所谓高级、文明理发店，主要是营业设备先进齐全，理发员多，服务技艺高，服务项目多。除了剃头、剪分发和刮脸、洗头而外，还附带给剪鼻孔、打眼睛、掏耳朵、拿头捶背、按摩等项目。为了招至回头客和多得小费，这些理发店服务非常周到和蔼，顾客一进门，迎上去解衣挂帽、点烟送茶、扇蒲扇、放唱片，招待分外殷勤。这些理发店的价格是，分发二角、平头二角、光头一角、刮脸一角，儿童分头一角、平头一角、光头五分。

哈尔滨妇女烫发和做假发历史也很早。自中东铁路修建开始，大批俄国人和欧洲人接连来到哈尔滨。哈尔滨最早的第一家理发店是法国人1898年（清光绪二十四年）开设的布朗秀美发店，地点在香坊。1905年俄侨在南岗大直街开设了普列马理发店，1921年至1924年俄侨五利萨利和波兰人的布列乌梯理发店分别在道里大安街和中央大街开业。1940年前，这些外国理发店已发展到30户，其中俄国理发店14户、波兰2户、希腊1户、法国1户、南斯拉夫1户、日本10多户，地点都在道里、南岗。这些外国理发店除理发之外，还精于做假发，多为外国剧场演员演出戴用。当初用水烫做出曲卷披肩长发，那时候外国洋人男女有的戴假发出席社交活动。社会上层的中国妇女因头秃或头发稀少也有戴假发的。随着时代的演进，这些洋人理发店转向烫发，由最初水烫发展到火烫（用火剪子烫）。1927年后大部传入电烫（用电卡子烫）。日伪前后，哈尔滨约有日本理发店10多户，如哈尔滨美发厅处一家（字号不详）、海格郎轩、南岗义州街松竹理发店处一家。这些日本人理发店颇讲究刮脸和剃胡须，理完发特别重视按摩，服务对象多是日本人和日本妇女（多数爱刮脸）。

哈尔滨中国人理发师傅何庆山、康连山等都是民国初年前后在俄国普列马理发店学徒，从而掌握了做假发和烫发技术。此后，烫发这个项目在中国人理发店传播并发展起来。最早开始烫发的是一顺记理发店和康连山理发店，1932年前曾聘请过俄国烫发师传授技术，并培训一批烫发员。接着，道外春发记、正发记、美东、居正兴、道里的美丽理发馆、新美轩、东亚美客轩等都先后传入了烫发项目。

《话说哈埠理发业》

❖ 陈克政、庞国文：王麻子膏药

　　王树森是满族人，祖居北京牛街，其父原系清宫护卫营的卫士。卫士们在操练武艺中，难免有跌打损伤之苦，于是就互相推拿揉搓，或者互赠些自己配用的药物。当时最受欢迎的是牛街王回回的狗皮膏药、马回回的小灵丹和王树森家的王麻子膏药。后来，因受宫廷纷争的牵累被排挤出京城，王树森随父到玉田县十里坨守皇陵。名义上是皇上让守陵墓，其实是发配，因玉田十里坨距东西二陵都很遥远，到那以后就根本无人过问了。

▷ 王树森

王树森从小随父熬制膏药。约在十七八岁时，因家境败落，无法继续维持生活，于是单人挑担闯关东，来到了黑龙江省呼兰县，靠打零工、卖苦力维持生活。

此间，生活异常困窘。因为生计关系，工余，尤其工闲，王树森又操其父所传的旧业——熬起膏药来，在呼兰庙头一带摆地摊叫卖。他熬制的膏药，功效独到，所以生意很好。于是他将祖传秘方做了全面分析研究，几经改造，创制了"拔毒膏"。这种膏药价格便宜，贴用方便，疗效极好，所以人们有病没病也都愿意备上几帖。王树森脸上有浅白麻子，每当人们有个磕磕碰碰，或者生疮长疔时，总有人指着庙头说："到王麻子那儿买几帖膏药吧！"于是王麻子膏药首先在呼兰创出了名气。相继王树森又创制了一种大膏药——虎骨熊油膏，专治筋骨、腰腿各种寒症，以及因寒不孕等。于是王麻子膏药声誉越来越高，主顾越来越多，无论冬夏，熬多少卖多少，日日月月供不应求。

两三年后，呼兰有名的蒋家大户竟把姑娘许配给王麻子为妻，王树森便定居于呼兰了。

20年代末，王树森由呼兰迁到哈尔滨，落脚于太古南六道街兄弟堂院内行医。此间，王麻子膏药在哈尔滨已大有声望。王树森通过反复实践，在针灸外科和医治跌打损伤等方面积累了丰富经验，膏药配合医术，行医治病取得了更好的效果。为谋取一张正式许可，他经受了百般刁难种种折磨，终于在伪康德三年，通过临床考试和药物化验，取得了伪满政府颁发的王麻子膏药专卖许可。随着哈尔滨街道的逐步形成，以及伪满洲国的民族分化政策——对满族人稍有照顾。王树森在富锦街姚锡九大院西侧划了营业地号，修了三间店面，确立了固定的营业场所——家眷铺福庆堂王麻子膏药店。

当时生意大振，无论大小膏药皆供不应求，就在全盛时期，王树森还是亲自精选原料，亲自上秤配方，亲自看火监制，并且公开在门前支锅，当众下料，严格坚持质量标准，恪守信誉，赢得了更加广泛的声望，更加深远的景仰。王树森熬膏药，总是男女老幼齐上阵，全家辛苦，天天忙。

就是只读小学一二年级的十一二岁的孩子，每晚也要在膏药衬布上打商标印章几千帖，往往打着打着就伏在纺单或衬布上呼呼地睡过去了。

▷ 王麻子膏药店

　　王树森还坚持与人为善、治病救人、薄利多销的经营原则，有钱的花不多钱就治病，没钱的免费也治病。膏药以旧换新收半费，贴敷中间可免费再摊一次，尤其外地函购，不管寄不寄钱，总有专人优先寄去。

　　因为"王麻子膏药"方便、省钱、药效好，所以深受劳苦平民的欢迎。当时在国内销至东北三省、河南、河北、山东、山西，远至新疆伊犁；在国外，销至日本、苏联、蒙古、南洋和美国；当时的月销额达五六千元（伪币）。

　　王麻子膏药在国内外用户越来越多，声誉越来越高。此时，李明臣、宋子珍、刘万谥等乡亲由各地纷纷前来，都愿借"王麻子"的名声开业熬膏药。王树森助人为乐，愿意乡邻们都好起来，就一一答应。为了区别起见，在自家的牌号上增加了"真正老"三个字，其他各家也都在"王麻子"三字上作出自己的文章来，于是一条具有独特经营风格的王麻子街便形成了。

《享有盛名的王麻子膏药》

❖ 高儒章：三盛炉菜刀供不应求

1922年，康业福40岁，带着300多块现大洋，来到哈尔滨。经朋友同林祥木材厂经理王培有和裕太铁工厂经理杨渭东介绍在太古南十五道街路359号（现在哈尔滨市回民中医院门诊部址）租了三间门房市做营业地址，与同乡知己王纯道、康业修两位高手合伙经营。康业福对制刀工艺了如指掌，20多年积累了丰富经验，会做买卖；掌钳的大把王纯道有一手炉火纯青的锻打手艺；康业修是一个专做冷做活的大拿。三个人为了生意兴隆取字号为三盛炉。

康业福为了创拿手货，他走遍了哈尔滨各角落。当时，傅家甸小六道街和孙家大院串心店（新中国成立后叫铁匠炉胡同）附近有三家打菜刀、镰刀的铁匠炉（吉祥炉、顺和炉、魁盛炉）。打制菜刀都是"黑老婆"和"洋钢板刀"，批发销售到江北各县农村，这种刀在城市没销路。康业福于是同王纯道、康业修商量：咱要创出门市，就得有拿手货，不怕不识货，就怕货比货，咱就专打饭馆墩上师傅、肉床子、皮毛匠、旋匠用的刀，准能打开销路。

康业福首先在钢材上认真挑选。打刀坯用的铁必须是软铁（含碳量低）。刀刃选用了英国产的双鹿牌竹节钢，这种货都是从道里新城大街107号日升恒五金行进货。买铁在道外南小五道街吕记铁庄，价钱虽然比小铁床子贵一点，但货真价实。

各种刀坯用的钢和铁下料打制前，必须逐块地进行锻打，淬火试验，凡是刀坯用铁发现"浸火"（造成刃部钢铁不清）和"不吃火"（脱碳）的现象一律不准使用。他制的刀，刀刃的钢条重量大。如厨刀，一般铁匠炉只用7钱重，他用1两半。还规定刀坯劈口夹钢必须居正中，深度占刀体的

1/3，保证刀刃不偏钢。刀坯热火打制时，掌钳的大把要亲自掌握火候，防止过烧而产生重皮、断刃。冷做枪刀刃钢，刀刃两面要显露出一韭菜叶宽的钢花。淬火温度要掌握在850℃，用清水冷却淬火后再适当回火，使刀刃的硬度适中，达到不崩刃、不卷刃，经久耐用。在刀坯打制加工过程中，做到因人派活，关键的工序，都是老师傅把关。康业福非常注重在刀刃水磨上见真功夫，他要求每个磨刀工人每天只准磨10把刀，磨出的刀刃要平直、齐口、不见白刃，手感抓茬、锋利，达不到标准，返工重磨。每天打制出各种刀，发现一点毛病和缺陷，立即返工修理，从不放过。当时同行业用的刀把都是杨木的，他却采用红梨木刀柄，木旋加工时要砂布磨光打黄蜡，使刀柄手感光滑。每天打制出的成品刀康业福都亲自检验，并打上"三盛炉康记"的钢印。

康业福从三盛炉创业第一天起，就和伙计们共同立下了一条规矩，凡是卖出的刀要保修保换，让主顾满意。刀刃退火、卷刃免费修理，发现重皮、断刃的以旧换新。

康业福深知要创出门市，打开产品销路，必须走出去。他经常背上印有"山东章丘康记"的褡裢，装着各种刀，到市内各大饭庄、餐馆、肉床子登门售货，把刀留给厨师和大工匠试用。为让主顾放心，每到一处就说：刀好使你就留下，过几天我来取钱；要是不好使，你就扔掉，分文不要，再给你换新刀。开始的时候，用户半信半疑，只好留下刀试用，用过几天后，都称赞刀刃锋利出快，得心应手，就主动送钱上门，纷纷订货，并介绍新主顾。创业之初，康业福的伙计和徒弟谁也说不清他登门卖出多少把刀，走了多少路，只是从康业福的老伴唠嗑中得知，仅褡裢就磨坏了三个，从山东老家捎来的靸鞋穿坏十多双。功夫不负有心人，生意越做越兴旺，伙计们高兴，可康业福并不满足。他又增加铺垫，整修门面，增加工人，扩大经营。将三间门市房做了调整，房东侧，前面是摆放各种刀的橱窗，后屋做账房和工人宿舍，请了记账先生和做饭的大师傅，装了电话，雇用工人和学徒九人。由于康业福的苦心经营和伙计们的通力合作，三盛炉菜刀创出了牌子，在本埠和外地用户中赢得了信誉，各地用户慕名而来，登门订货，商品供不应求。

▷ 磨剪子抢菜刀

　　新中国成立前，有一些因体力不佳而失业的铁匠，则以磨剪子抢菜刀谋生。有些技术好的老手艺人流动在市区各地，专门给厨房、大饭店、肉床子磨刀。他们都有各自固定的主顾，而且消息灵，谁家的刀好磨，哪家需要啥刀都清楚。康业福对这些磨刀人敬为上宾，每到年节，派人发出请帖，到柜上做客，烟茶恭候，酒饭招待，亲自做陪。对过不去年节，生活上有困难的，还适当接济点钱，算是表达康业福和伙计们的一点心意，年复一年从不间断。这些抢刀磨剪人深感康业福为人厚道，讲义气，交往也就密切，只要听到用户有啥议论，或缺什么刀，都给三盛炉报信。时常有很多想买好刀的人总爱向这些磨刀人打听谁家的刀好，请他们给出个主意。他们会毫不犹豫异口同声地说"咳！这还用问，三盛炉的刀不用挑，保险把把是好刀。"这些云游四方的磨刀匠自然就成了三盛炉的义务宣传员和外柜了，同时也方便了用户，使三盛炉的生意越做越活，信誉日增。

《三盛炉菜刀的由来和发展》

❖ 张子玉：山海杂货天丰涌

在哈尔滨的山海杂货业中，要数天丰涌的字号最老，规模最大了。它开业于1905年，到公私合营已有50多年的历史。天丰涌在市内和省内附近各县都有较广泛的影响。我从16岁进店学徒，在天丰涌干了30多年，对天丰涌的经营管理和发展变化情况有些了解。

天丰涌的东家兼经理李云亭，是河北省乐亭县人，因为家境贫寒，年轻时跑来东北谋生，投奔本家兄弟李品三。李品三于光绪二十年间（1894年），在当时属吉林省管辖的双城县开粮栈。还有个叫乔智信的也在李品三的粮栈里赋闲。当时哈尔滨的工商业正在兴起，李云亭和乔智信在李品三的资助下，一同来哈谋生。开始，他们两人在哈尔滨傅家甸太古街一带摆摊，做小本生意，出售山海杂货，经几年辛勤经营，摊床生意很有起色，积累了一点资金。后来，阿城县天丰合掌柜的焦希曾的父亲和在哈尔滨的同乡赵子孚、杜润堂、刘文章等人的父亲，应李云亭的要求，都相继加入了些股金，共同商定开个有门市的买卖。于是，他们在傅家甸找到了两间门市房（现在道外南头道街南端），经修整做了营业室，室内设备极为简陋，货架和柜台是用包装箱的碎板搭成，内外筹备就绪，取名天丰涌。于1905年2月天丰涌正式开业，门额上悬黑底金字"天丰涌"横匾一块，两侧书有"山海杂货""茶叶纸张"八个大字，这就是天丰涌的开始。大约1920年左右，天丰涌的老东家赵子孚的父亲来柜上，对天丰涌的现状颇有感触，认为做买卖看好时机放不开手脚也不行，他建议天丰涌跟上市面潮流。于是天丰涌在1921年更新了全部设备，扩大了营业面积，翻修和改建了二层楼房，增加了客室、食堂、宿舍和仓库。以后，天丰涌的店容店貌大为改观，经营规模和交易量较前都扩大很多。到"九一八"事变前，盈利迅速增加，职店员增加到90多人，成为哈尔滨民族商业中数得着的大户，李云亭也一跃成为当时工商界有一定影响的人物。

▷ 道外南头道街

　　天丰涌经营的山海杂货品种由少到多，逐渐发展，在它的全盛时期经营品种达到300种之多，产地涉及十几个省、市和地区。对产地分散、品种繁多的上杂货和下杂货的采购，主要有以下渠道：（一）派人驻在直接采购。大连、营口、安东、上海是山海杂货的产地和集散地，天丰涌常年派员驻在，现场看货直接采购，天丰涌的海产品多数是通过这种方式采购的。（二）收获季节临时派人采购。山产品和海产品都有很强的季节性，掌握收获季节临时派人到产地选购，在质量和价格上都有选择的余地。如蛟河一带的蘑菇，黑河和扎兰屯一带的木耳，锦州和营口一带的小海米和毛虾等，多是产季临时派人采购的。（三）建立信用关系，通过函电采购。天丰涌同东北、华东、华南许多城市的货栈保持经常性的联系和信用关系，只需一封信，一份电报，对方就按要求把货运到，采取这种方式进货迅速，可靠又省钱，在天丰涌的进货中占有很大比重。（四）从外国洋行预购。当时在道里有许多日本洋行，洋行的外柜多是雇用的中国人，他们手持产品样本几乎每天都要到各大商店兜销一次，但洋行并没有现货，看好样品后签订预购合同，几个月后运到。与日本洋行的订货多是布匹、棉纱、棉线、麻丝、白糖等上杂货。

哈爾濱道 ⊙茶 外南大街

天豐湧茶莊

為使飲者稱快 薄利而又精研

最好新春嫩葉 可以清心除煩

電話九一一六·九一一四

哈道外正街四十七道街用印刷電話九一四〇圖

▷ 天丰涌茶叶广告

　　天丰涌自1921年扩建以后，经营的品种可分为干菜、茶叶、纸张、杂货、调料、食品和布匹等部分，每一部分的品种少则几十种，多则上百种，既有生活必需品又有中药材，化工原料和染料，以品种齐全而闻名。有些品种别家不经营的在天丰涌能买到，如过滤用的棕片、血渔网用的栲皮、浆衣服和刷鞋用的石头粉子，以及黑、白、红矾等，有的商品一年半载卖不上一次，而且利润低损耗大，但是天丰涌不惜占用资金，坚持经营这些不挣钱的商品。天丰涌掌盘（相当于现在的业务主任）认为，品种齐全是扩大企业影响的一种方法，从长远看是为了更多地招揽顾客，做更多的买卖，事实说明，天丰涌这一经营思想在实践中是有收效的。

《经营山海杂货的天丰涌》

❖ 姬兴昌：亨得利钟表眼镜店

亨得利钟表眼镜店坐落在哈尔滨市道外区靖宇大街322号，开业于1923年6月，是浙江宁波人周彭年创建。

清末，国门洞开，英商在沪杭等地经营亨达利钟表眼镜店，一时生意兴隆。国人应启霖、王光祖、庄鸿皋三位好友，决定合资经营钟表眼镜店，与外商竞争，字号为"亨得利"。先在杭州清和坊建店，后发展至上海，店址在上海永安公司隔壁。由于经营得法，声名大振，因而也引起英商的不满。英商为维护他们在中国的特权，便以亨得利影射、效法亨达利字号，鱼目混珠，影响亨达利声誉为罪名，起诉于法院。当地法院屈从英国势力，讨好英商，结果亨得利败诉。亨得利此时在各地分号甚多，又成立有亨得利管理委员会，听到败诉消息，各分号从业人员不服判决，上下齐心，上诉到南京高等法院。法院认为，既然两家商号均在中国开设，理应按中国法律办事。中文的"得"与"达"，音意均不相同，既谈不上影射，也谈不到效法。亨得利顾名思义，乃买卖亨通得到利润之意，与亨达利毫无关系，更谈不上鱼目混珠。亨得利终于打赢了这场官司，各分号放假三天，以示庆祝，亨得利的字号也得以延续到今天。

亨得利管理委员会成立之后，选派职工中忠实可靠、具有管理能力的人分赴各地经营分店。周彭年就是这样到哈尔滨来建店的。哈尔滨亨得利建立时，正是钟表行大发展之际，市场竞争尤为激烈，亨得利在竞争中能立于不败之地，是因为有它的经营之道。

亨得利建店伊始，就注意与国内外厂商保持密切联系。这样不仅可以保持商品信息灵通，做到你无我有，你有我新，以花样品种制胜，而且，可以直接进货，减少周转环节的差额费用，进而降低销售价，价格比其他商店便宜，具有竞争力。当时，瑞士的西马手表、日本的马球、爱字挂钟，都是直接从厂家进货。

亨得利一直坚持经营高、中档名牌钟表眼镜，并久盛不衰，很重要的一条是注意质量，以质取胜。他们对进货进行严格的检查、检测，不合格一律退回，出售的商品也精心制作、校对，认为绝对没问题才摆上柜台。为了让顾客放心，他们与生产厂家订有合同，在商品商标下面刻上"亨得利"三个小字，保修期间，见商标下的字，即予修理。

亨得利视顾客为"衣食父母"，所以店内对店员们要求非常严格，顾客进店要先让座，后倒茶，顾客挑选货物，要百问不烦，百拿不厌。每个店员都要掌握商品知识，主动向顾客介绍商品性能、使用方法，对顾客提问要对答如流，还要根据顾客的年龄、职业帮助挑选中意的商品。凡到亨得利买眼镜，成交后，赠送眼镜盒一个，小绒布一块，盒内的说明书除印有商品知识，还印有亨得利地址和电话号码，既方便了顾客，又宣传了自己，起到广告的宣传作用。亨得利把成交次数和金额作为衡量一个店员业务水平的标准，所以录用店员，要求相貌端正，口齿伶俐，诚实可靠，只有这样的人才能进入亨得利。

亨得利以"严"治店是很出名的。店里要求每个店员作风正派，不打架斗殴，不酗酒嫖妓，工作时不做无关的事，违反即辞退。有位庄姓青年，是与亨得利有业务联系的某商号掌柜的侄子，他来店后因犯了错误也被立即辞退，托人说情，均遭拒绝。表现好的店员不仅年终多分红，还可以提拔，店员钟元卿就被提升为佳木斯分号经理。

亨得利兴盛时有职工20多人，门市房60平方米，经营商品达1500多种。日本帝国主义侵占东北后，周彭年的长子被抓了经济犯，押在警察署，后虽花钱保释，由于气愤忧郁，不久病死。次子周东汇为逃避抓国兵，出走大连。亨得利为保存力量，把一些素质好的职工转移到上海，店内只剩七个人，营业面积只剩30平方米，濒于倒闭边缘，残喘至新中国成立前夕。

《亨得利钟表眼镜店》

❖ 盛楚天：名流最爱——真美照相馆

在哈尔滨照相业中，真美照相馆可以称作老字号了，几十年来在人们中间始终享有盛名。它不仅地处道里繁华街道，具有使人快悦的字号，而且还有着一套吸引顾客的经营方法。

真美照相馆的创始人是盛冠斗先生，他老人家出身贫寒，15岁由山东老家只身到哈尔滨谋生。经过多年当苦力才积攒了一笔钱，以后开始经商，到30年代时已经经营着几家买卖了。1934年，他了解到照相业投资不多，虽不能获大利，但经营稳定，不担蚀本的危险。于是除自己外，又以内侄苏犹忱的名义与孟守信合股，在道里新城大街和十二道街交叉路口处租下一门市房，开照相馆。购置了设备，装修一新后，真美照相馆开业了。

当时的道里，照相馆寥寥无几，真美开业后立刻赢得了广大顾客。真美所处地域正是商业集中、来往行人汇合之处，营业情况很是兴旺，是当时道里最大的照相馆。经理一直是滕子远先生，他负责管理全店业务，还兼会计工作。店内另聘有照相师、出纳、暗房工人、服务生（小伙计）几人，一般都是亲朋好友可靠的人。虽然用人不多，但每人都身兼数职，哪用哪到，照相师兼管灯光，出纳也帮着招待顾客，特别是服务生为顾客点烟倒茶要十分殷勤。大家都尽力工作，谁也不偷懒，根本不存在人浮于事的现象。

经商，顾客就是财源，所以真美十分重视对客人的招待。要笑脸相迎，笑脸相送，殷勤招待，使客人高兴而归。那时照个相，对一般人来说是奢侈的，所以在拍照时一定要迎合顾客的心理，摆姿势、布灯光要时间长些，免得顾客说照得匆忙，如果顾客有什么要求也尽量满足。这样顾客会感到很满意，下次还到这儿来照，真美因为服务热情周到，所以争得了很多回头客，真美的名声也就越来越大了。

▷ 真美照相馆拍摄的五个女生合影

仅靠热情周到的服务是远远不够的，真美非常重视技术，保证质量，在顾客中建立信誉。拍照时对用光及用光角度、亮度都非常谨慎，根据不同对象而使其自然恰当。印相时对底片（当时是玻璃片）都要认真修版，印出的照片虽然是黑白的，但也光彩、美观，使顾客满意。店内的技师在实践中也不断摸索经验，提高技艺，以保证照片的质量。

　　为了吸引顾客，真美照相馆还不断地创新，搞一些新颖的东西。一般拍照的背景就是一片暗色，很平淡，真美就使用了一些布景、道具，使照片背景比较活跃，后来又搞了拍摄生活照片。这就使相片有多样的风格，人们感到很新奇，在当时也受到顾客的欢迎。真美当时搞的美术照片，虽然增加了工本，但薄利多销，不仅有创新，还吸引了顾客。一般的黑白照片保存时间长了容易发黄，不称人心意，真美经试验，把黑白片制成茶色（棕色），延长了保存期限，也很美观。随着人们的需求，真美搞了装饰照片。把印好的照片放上纸板衬底和封皮，中间蒙一层硫酸纸保护照片，封皮在印刷厂印制，上面有凸凹不平的花纹、图案、祝福之类的语句，非常精美，类似当今的高档贺年片。这种做法深受顾客喜爱，是馈赠亲朋好友留念的好礼品，人逢结婚、寿日、小孩百岁，都愿意到真美来拍摄这类装饰照片。

　　为了扩大影响，加强在同业中的竞争能力，真美不仅以质量取胜，靠创新求发展，而且注重广告宣传，除了在报纸上做广告外，还充分利用了真美照相馆的地理优势，做活广告。照相馆地处繁华闹市，门前熙熙攘攘，橱窗自然是最好的广告。当时社会上的名流、名媛经常到店拍照，照相馆就放印一些四呎照片，精心着色后放在橱窗里陈列，使顾客感到真美是社会名流经常光顾的地方，在心理上对真美有信任感。有时一些著名的电影明星、京剧名演员到哈尔滨演出，真美照相馆趁机为他们义务拍照，并印制几十张照片送给他们，以便赠送影迷们。有的还放大着色为巨幅照片，装入防水相框挂在门市上端，供人们观赏。上官云珠、韩非、白云、顾兰君、童芷苓等名角都来过真美照相，扩大了真美照相馆的影响。

《真美照相馆话旧》

❖ **陈克政：**技艺高超的三友照相馆

三友照相馆是当今哈尔滨市照相业名家之一，它的创始人是林蓉三。

林蓉三1895年出生于山东省乳山县夏村，因家境清贫无法维持生活，故于16岁时离家出走谋生，流落到海参崴，1922年回国。1923年在道里中国十二道街开美华照相馆（现真美照相馆楼上），后来又在道外北头道街设一分店仍称美华照相馆。1930年前后，林又在哈尔滨市最繁华的正阳街上租定一所店面开业，取名三友照相馆。道里的美华，道外的美华与三友实为林蓉三一家独资经营。所谓三友者，大抵是取三家相馆的资本相通，设备相通，技术相通，团结一体，当结为"友"。

三友照相馆一开张，则以宏大的规模（当时有职工数十人），先进的设备（一切均由苏联进口），高超的技艺（重金培养和任用名师）而成为当时哈尔滨摄影业的中心。林蓉三任用自己的大徒弟，技术全面的着色师高凤鸣为经理人，任用名师林晋奎负责修版和放大，任用拍照名师孙绪年负责拍照。高、林、孙的高超技艺不仅为东北三省摄影业高手所叹服，而且闻名全国。林蓉三为三友蓄积了雄厚的技术力量，为日后发展奠定了坚实的基础。

林蓉三先生在照相业的主要贡献是使三友的拍照、修版、放大、着色四大工艺保持领先地位，并且精益求精，不断改善和发展，终于以工艺技巧的绝对优势，成为哈尔滨照相业中俄罗斯摄影艺术流派的代表。他在三友照相馆经营中的主要特点是名师把关，严格保持领先的质量标准。其次是经营上力求灵活多样，决不据守相馆当"坐商"。顾客来馆照相要做到热情周到，馆外照相无论祭丧、婚娶、做寿或集体拍片总是随叫随到。再次是充分发挥自己的设备与工艺上的优势，不断更新改善。当时的照相馆都

▷　三友拍摄的民国男子单人照

用自然采光，在玻璃房子里靠多条白帘调节自然光线，而三友在哈尔滨第
一个选用电灯进行人工照明，采用头灯、侧灯、脚灯相配合，拍摄出来的
照片明暗适度，质感细腻，立体感强。三友还在放大的黑白相片上第一个
运用了人工着色，着色时，不用软刷，不用毛笔，只用手掌和手指，不仅
为人物面部或衣着涂上和谐鲜艳的自然色彩，而且也能为照片直接涂染出
优美的远景来。

《三友照相馆》

❖ **于作先:** 独占鳌头德丰源

    刘德荣、李贵林是保定人,1932年来哈尔滨经营德丰源浴池。刘德荣和李贵林是亲属,刘德荣投资多,掌实权,李贵林则管理日常事务。之所以取名"德丰源"是以德荣必根茂,根茂即源丰之意,故取名德丰源这个字号。

▷ 民国时期哈尔滨浴场

德丰源浴池布局整齐、光线充足、堂筒宽敞。一楼有两个可容50多人使用的池子，一男一女，是采用日本的浴池格局修建的，室内铺有日本榻榻米式床铺。此外还设有搓澡室一间，修脚室一间。二楼有两个长4米、宽3米、深0.6米的男浴池，96张床，都摆放在明亮的玻璃窗下，光线充足，空气流畅。床帷雕花，木制虎爪床腿，宽1.3米的床涂着白色油漆，用隔板隔成一个个单间，每个单间两张床铺，并设有立式衣箱两个。单间的隔壁，全部采用白色波纹乌玻璃装饰，床壁相映十分典雅。进入各个单间的入口处，在大圆柱上，镶着呈拱形的精工雕刻的二龙戏珠。尽头处的理发间的门饰，刻以鲤鱼跃龙门的彩画，理发间满屋的正容镜，晶莹明亮真像水晶宫。

德丰源的地下室装有50马力的康尼许锅炉。采用机械供水，与当时哈尔滨那些在光绪年间修的烧地塘，手工压水设备简陋的地池子相比是非常先进的了。

德丰源浴池是李贵林、李博仁、李永茂祖孙三代经营的。他们很会做生意，有一套老规矩，服务最讲究"精神头，眼力见"。浴客一进门，照座的伙计必须熟记三序、掌握两温、三用，严格执行。三序即接待、保洁、送别。它的具体内容就是，接待热情迎接，接衣挂帽，请让到床，查收票款，递送二巾，摆好拖鞋，存放入柜，指明浴位，宣讲安全知识。保洁一查大小浴巾是否清洁，二扫地面，三擦地板，四整理窗口、饮具、拖鞋。送别一问，询问是否洗好；二提醒，提醒浴客别落下衣物；三告别，送浴客。两温，即室温、水温。如发现异常立即通告调整。三用，即浴巾、肥皂、拖鞋。

德丰源浴池另外的传统服务项目有搓澡、理发、修脚。搓澡，德丰源浴池要求搓澡工人必须做到手平把稳，腕子灵活，用力均匀，擦得周到。搓澡工人把搓澡操作程序编成顺口溜，叫做"前七后八，中间一摸擦。"也就是前身搓七把，后身搓八把，最后整理，中间前后一把抹净。在搓澡时首先要根据浴客的体质，皮肤和不同的体位，考虑不同耐受能力，确定用软把还是用硬把。对身体强壮的浴客，用硬把，洒脱有力，把皮肤擦红，使浴客在摩擦中感到痛快、解乏。对身体瘦弱或年老浴客用软把，轻软柔和，反复多次，同样擦红皮肤，感到轻松。

理发，德丰源浴池要求理发工人必须严格按操作规矩办。理发工人要衣着清洁整齐，站的直，架子稳，操作时不许闲谈，不许吃葱吃蒜，不许朝浴客面部呼吸。具体要求是洗头规定二洗，二冲，二巾制。剃头要求落手轻，腕力活，动作敏捷。刮须先用热毛巾闷茬，刮掉胡茬，再用热毛巾擦脸。刮好后，擦上一层润肤油脂，最后用镜子反照，征求意见。这才算理发全部操作结束。

修脚是德丰源最驰名的技艺，医脚技师王绍勤是哈尔滨浴池业的医脚名师。务修脚技艺50多年，自幼苦练修脚技术，基本功坚实，技术精湛。他的特点是持刀稳准，看病准确，下活干净利落。尤其做潜趾，他有独创之功，切、转、劈、挑、带，稳准而快，做到切的准，转的圆，劈的狠，挑的好，去病彻底。他治鸡眼，条刀一转，连挖出根，不加刀，不补刀，一刀就好。治厚脚甲病，一般脚医是从顶端开始，用抢刀一刀一刀地抢。王绍勤善用巧劲，用釜底抽薪法，用软刀从根部向顶端一刀取下，不差分毫。他治硬厚脚垫，使锋利片刀，从里往外片，一刀全片下，从不零打碎敲，片成一个完好无损的脚垫标本，不给患者增加痛苦。王绍勤刀下之功，深受广大浴客称赞，有"一刀成"的名气。

旧社会的浴池工人没有工资，全靠浴客赏的小费得些收入，浴客洗澡的收入则全归老板，德丰源当然也不例外。那时候小费叫小柜，浴客洗完澡觉得满意，高兴就有可能多给些小柜，手头阔的主顾一甩就是十元八元的，也有的浴客只给五分钱的，不给小费的几乎没有，浴客认为来洗澡是受浴池工人的伺候，不能让人家白伺候。当浴客给小费时，账桌的先生要唱出来给了多少，让浴客和在场的浴池人员都听见，他们又异口同声高唱"谢"。所收的小费都上账，谁也不许私入腰包。隔几天，浴池的人员，上至经理下到伙计都按自己的份数分得一份。所以那时服务的好坏关系到小费收入的多少，小费收入的多就可以多得，新中国成立后这种情况才得改变。

由于德丰源浴池设备齐全，宽敞明亮，卫生条件好，再加殷勤热情的服务，所以一提起德丰源，人人皆知，都愿意到此洗浴。德丰源也因此在同行中独占鳌头，压倒群芳。

《德丰源浴池》

❖ 刘鼎勋：信誉昭著世一堂

道里世一堂位于道里区西十道街，是清末光绪二十九年（1903年），由吉林世一堂老号派张远武、贲欣庭二人来哈尔滨创办的，吉林老号拨现大洋一万元作为设店开业资金。以后业务逐渐发展，于民国十五年（1926年）耗资1.5万元，在原址又扩建二层半营业楼，民国十六年落成，迄今已有80多年的历史。

道里世一堂创立后，一直以经营中药为主，最早经营的中药饮片有五六百种，还有老山参、鹿茸、东北虎骨、熊胆、麝香、田鸡油等珍贵药材。同时兼营各类珍贵毛皮，如貂皮、猞猁皮、虎皮、狐狸皮、元皮等。楼下是门市部，西面经营药品，东面经营山海杂货及电光线袜子等日用杂货。从1931年至1941年，道里世一堂业务范围不断扩大，由十几人发展到80多人，生意一直很兴隆，在哈尔滨很有名气，信誉昭著。

道里世一堂自制的丸、膏、散、丹质量好，久负盛名，很重要的原因是选料精良，采用上品。每年除吉林世一堂老号不定期调拨部分鹿茸、大山参外，本堂还要派人采购原料。要想采购到质高佳品，就必须任用一些有采购经验的人员，被派赴全国各药材集散地的采购人员，都是中药业的专业人才。他们大多数是本业学徒出身，经过多年勤学苦练，积累了中药材识别经验，能识别各种粗细名贵药材，善辨真假、优劣的药把式。采购地点除东北的长白山外，多为四川、广东、云南、贵州等地。民国年间，还去过西藏采红花，甚至到暹罗、印度等地采购犀角和白蔻仁。河北安国县是全国药材较为集中的产销地，世一堂每年都派专人去安国县赶庙会，采购药材，采购人员常以高价买头水的上等货。由于在外采购辛苦，店里除了发给采购人员皮袄、棉帽外，年终还给每人"馈送金"现大洋30—50元，因此采购人员积极性很高。采购人员在成交大批货物前，必须发函或拍电报与店老板取得联系，是否成交由老板负责定盘。道里世一堂在购货方面讲究信誉，采购货物后，都能按期付款，从不拖欠。

▷ 右侧黑色招牌为世一堂

　　凡是由外地采购的药材到店后，都要按药店规定的制度验收，辨别真伪，按药材的质量，定出等级，然后收入药库待用。对高档细货，要先由老板把"四关"：看形色、闻香味、尝味道、用手掌摩擦，经过这四关检验，可以确定药材的质量程度，定出不同的等级。例如，检验麝香，首先用鼻子闻有无其他异味，其次用眼看，不同产地色泽不同（褐色、淡黑色、黑色）；再用手指捏捻，停后有蓬松状，色不染手；用口尝有无咸辣口感。"白芷"这种药材自身是白色的，与"花粉"色泽相似，在鉴别时要闻它有无芳香气味，用手摸断面的光滑性如何，这样才能鉴别出是"白芷"还是"花粉"，因为"白芷"断面光滑，有芳香气味。药材加工也有严格的制度，加工过程也极为精细，每道工序都要由训练有素的内行人员进行操作，并且有专人负责此项工作。首先将药料品名、数量、重量检点清楚，最后登记，履行制作者责任手续——签字。据老药工回忆：粉碎的药材必须用160至180目的细罗筛，以免制成的药服用后不易吸收，影响疗效，失掉信誉。

道里世一堂在新中国成立前，一直自制自销高低档中成药，有120多种，丸、散、膏、丹、酒样样俱全。有主治乙型脑炎镇惊解热的"牛黄安宫丸"，还有"活络丹""参茸丸""女金丹""七厘散"等药品。早年居住在哈尔滨的侨民很信服世一堂的"虎骨酒"，他们有个腰腿疼痛的，常到世一堂买虎骨酒，喝了很快就见效。当时贫苦人买不起贵药，几分钱的药也同样能治病。

世一堂不仅历来重视药品质量，而且注意商品宣传。名贵药品每丸都装在一个精制华美的玻璃盒内，还有药品说明书。就是大宗各味饮片，也做到一味一包，每味都有药材标出图案、性味、功能、用法等，不因药的贵贱而异同，很受欢迎。

世一堂多年经营已形成一套较完整的组织机构和严格的规章制度。全店分前柜、后房，含10个专业部。

前柜——饮片部，按处方配药，有两名划价员。名贵细药部出售各种名贵丸、散、膏、丹、酒，及人参、鹿茸、虎骨、熊胆等。采购部负责采购各地各种药材到店。山货部购销珍贵毛皮、老山货。下杂货部，购销各地下杂货。营业室收款处，负责营业收款，财务统计。后房——切片部，精选蒸煮、晾晒各种原药，由刀房老师傅切成饮片。炮制部负责药材粉碎、蒸、炒、煅、炙，然后按《草本成法》，依法炮制，另有负责名贵药材投料加工炮制的总管监督。储料部分门别类储藏各种药材和饮片。制酒部制造各种药酒。以上各部，均有专人负责。药店日常业务活动，检查药库，监督检查领料、加工、配料、制药等业务由副经理掌管，其他人不准随意进入药库和细货房。前柜有"柜头"，柜头不在时，监察员可代行职务。他们有严格的作息时间，夏季早7时至晚8时，冬季早7时30分至晚6时，住店的伙计晚9时熄灯就寝。店内还有店规制度等，违者轻则警告，重则辞退。

《道里世一堂》

❖ 关鹏书：乡村商号永源发

在1945年"八一五"光复前，阿城有一家大商号叫永源发，坐落在料甸正大街北头路西（今料甸满族乡中心小学和满族乡中学校址），是一个综合性的商号。它主要经营布匹、百货和油、酒、米、面以及农业生产上所用的铁木农具。商号还设有药店（出售中草药的药店）、当铺、钱庄等；还开办烧锅、油坊、磨坊（加工米面）、粉坊（加工粉条）、豆腐坊等。因此，永源发在哈尔滨地区是远近闻名的一个综合性企业，在宾州（今宾县）、永增源（今阿城市永源镇）、上号（今哈尔滨市香坊区）以及江北拜泉、呼兰、三姓（今依兰县）等地均有永源发的分号，总柜就设在料甸的永源发。

▷ 民国阿城街道

永源发的建筑格局是很讲究的。它共占地五万多平方米，主体是一个东北乡村式大院套，中间分隔成两个院落。大院的四周建的是高三米、厚一米的大砖墙。每隔一百米设一座炮楼，大墙四周共设十座炮楼，均为砖木结构。特别是坐落在正街大门南侧的临街炮楼相当威风，高12米，上下四层为主炮楼。其余的九座炮楼也都在十米以上，上下两层，每座炮楼向外的三面，都设有"炮眼"。炮楼的顶部设有瞭望台，从台上可以观察到整个大院的每一个角落。炮楼建筑得很美观，类似我国古城墙的炮台。它是专门供"炮勇"放哨、护院用的。整个大院共设东门（正门）和北门两座大门。

永源发院内共有房屋350多间，它的大院前、后分隔成两层院落。第一层院落是临街的正面，靠正街的南端是12米高的大炮楼，炮楼北边是永源发的正门。正门的北边依次是百货店、药铺、粮栈、钱庄的柜房。由正门进入到第一层院落内的房屋是财东的家属寝室和店员、工人、炮勇的宿舍以及更房、账房、客厅、厨房和各类库房。接着就是油坊、粉坊、磨房、酒坊、豆腐房、木工房等。第二层院内主要储存柴草用，又称"柴禾栏子"。在柴禾栏子院内中央，设一个大水池子，面积约有5000平方米，水深一米多，可储水8000立方米，是防火用的。

永源发的房屋建筑也是很讲究的，一律是青砖、青瓦，砖木结构的前出廊檐后出厦的雕梁画柱的建筑，相当壮观。

永源发的前柜房是两栋磨砖对缝和"四不漏"五檩五臼的大型建筑，窗台、门坎、门柱都是青石条做的。其中一栋是12间，另一栋是5间，总面积为800平方米左右。那栋12间的房舍仍然保持到现在，也是永源发的院落中仅存的一座建筑了。

永源发的东门（正门）是中国古式大门，青砖磨砖对缝，青瓦大屋顶带正檐，而且是呈圆门洞式的大门楼。用松木板制作的两扇对开大门，外边包着铁皮，镶嵌着大铜圆钉帽（钉帽直径约有五厘米），涂上黑色油漆，还钉有一对虎头大门环。大门两旁各有一块上马石，供人们出门上马用，同时也是一种装饰品。门楼的正面上方的一块雕塑的横匾，高一米，长四米左右，四周刻有花纹边栏，中间刻着"永源发"三个大字，每个字的直径都有70厘米左右。它的北大门是车辆运送货物和粮食、柴草用的。平时不开，只有进出车辆时才开。这个大门的建筑和正门比较，显得简单，但也很坚固。

在整个永源发建筑群中，除了两座前柜房和各种商品、原材料库房以外，最坚固的就是坐落在前柜房后面左侧，坐北朝南的15间"宝藏库"了。这一建筑，面积约有700平方米左右，是一座四不漏的高大砖瓦石建筑物。其门窗的四框和窗台、门坎都是用花岗岩做成的。门扇和窗户格都是用铁皮镶包并涂有黑色油漆。在这座建筑的正门上方，有一大青方砖刻制的长方形匾，长一米半、宽约65厘米，四周刻有花纹边栏，中间刻有"宝藏"两个字。这座建筑的用途是为贮存金银、珠宝、古董、玉器等贵重典当品和人参、鹿茸、虎骨、珍珠、麝香、藏红花等名贵中药材。另外，还为钱庄、账房贮藏货币和各种账目。

财东和他的家属住房以及账房（账房即财东、店员账房先生办公的地方），都是大屋顶带飞檐、雕梁画柱、磨砖对缝的建筑物。

永源发除了经营它自己的产品，如油、酒、米、面、粉条、豆腐以外，还经营苏州的绫、罗、绸、缎和青、蓝、白布。那时称布为"大布子"或"小布子"，这是计量单位。卖布时说：卖一对大布子，两对小布子等。一匹大布子或一匹小布子多少尺，我不知道。还有麻花布，是蓝色，白色图，是做被子面用的。此外，还有日用百货，如红白糖、冰糖、各种糕点、香蜡、纸码和各种名贵药材、毛皮制品、农家用的铁木农具等等。

永源发药铺内部装饰很讲究，它是三间房。西面屋是一铺大炕，炕上放四张雕刻精制的炕桌，这是"坐堂先生"看病用的。东面是一排药架，药架子前面是柜台。药架子都是雕刻的，盛装中成药的都是大小不等的精美的瓷坛，炕上两头各是一个大立柜。药铺有各种中成药和饮片，既看病又卖药。"坐堂先生"给患者诊疾病，开好药单就地抓药，医生是从外地聘请来的。

当铺。在旧社会，穷苦人家是相当多的，有些人由于生活所迫一时没有钱花，或者有的人家办红、白喜事，手头缺钱，就当"当"。当就是把家里的财产，如金、银首饰，珠宝、古董、贵重衣料等拿到当铺去抵押换钱。典当人把当物拿到当铺内，举到高高的柜台顶上去。当铺的柜台高达两米以上，比人还高，一般人站在柜台外是看不见柜台里的。当铺的店员在柜台里站在凳子上，猫腰和顾客说话。永源发当铺的柜台为什么那样高，我分析可能是当铺的老板怕有坏人进屋抢东西。当铺业务办理精细，当铺给典当人一张"当票子"。当票制作很精细，有16开纸大小。有很鲜艳的花纹。典当人到时间拿着"当票"和利息钱到当铺把所当的物品抽出来，称为"抽号"，过期抽不起的叫作"死号"，当物由当铺处理。

钱庄。永源发的钱庄和现在的银行有些相似。老百姓用钱可到钱庄借，但得有"铺保"立下字据。铺保就是有资产的商号或地主才能当铺保。老百姓有钱放在家中不放心，怕丢了，也可以存到钱庄去。同样付给存款者利息，存款不用找铺保。

粮栈。永源发粮栈所经营的业务就是购销粮食。它将收购来的粮食再给烧锅、油坊做原料用。料甸子一带的地主，秋天打完场，粮食、柴、草等大部分都卖给永源发。

永源发的老板在经营企业中讲究信誉，实行"明码实价，货真价实"。经营的商品没有以次充好，以假乱真的。所以，永源发在人民群众中信誉是很高的，人们都愿意到永源发去买东西，买它的商品没有假货，人们放心。

《古老的乡村商号》

❖ 袁学军：货币兑换钱桌子

钱桌子是货币兑换业的一种组织形式，也是最早最简单的金融市场形式，是旧中国币制不一，发行混乱，货币割据式流通的产物。哈尔滨钱桌子，是帝俄货币在哈尔滨盛行时期出现的。钱桌子以简单的一桌一椅为营业设备，专业从事兑换各种货币的活动，成为一种特殊的职业。1910年哈尔滨钱桌子有70家之多，居吉林省首位，1915年又增加到100多家。而这些钱桌子绝大多数设在交通要道、马路两旁，露天营业，市井热闹之处都可见到。随着城市发展，逐渐形成固定集兑地，即道外正阳大街成为"汇兑街"。

▷ 钱桌子

钱桌子营业，主要是市面流通货币的兑入兑出。在1918年以前是俄币卢布的兑换，即用官帖、奉票、汇帖等货币兑换俄币卢布，利用卢布换回所需货币；1918年至1919年间转向日币金票兑换；1919年10月中国新兴货币哈大洋诞生，就以哈大洋为主要货币兑入兑出。

钱桌子主要靠索取兑出兑入的贴水赚取利润。在乡民兑换时，均不按当时市价合算，从中克扣。稍明钱价的人，再讲价即发生争执，打架斗殴的现象，屡见不鲜。规模较大的钱桌子，有经纪人充当讲行人。最初，充当经纪人无一定讲行地址，也无确实担保实物，任意左右市价，有的乘间隙拐骗潜逃。为此，滨江县知事张兰君发布《取缔钱桌子经纪人营业章程》。各经纪人讲行时，须指定某号院内，由商会发给保证书，入市场时衣襟须悬有商会发的场牌、保证书，否则不得入内讲行。

随着钱桌子数量的增多，收入庞大，哈埠警察厅决定"钱桌子每家每月必须缴纳营业税老帖（羌帖的一种）20元，每年收大帖100万元左右"以其限制。但此种做法，并未奏效，不但原有钱桌子仍继续营业，反而增加了几十家，少数人品行端正，遵章守法，多数人专事诈骗活动，行使假帖、假票，欺骗乡民，危害商家，妨碍交通和市容。为了维护市面，保护商民的利益，1916年4月，市俄人董事会发布《钱桌子取缔令》规定，殷实公正的商人，取具保证，发给许可证，始准摆设；专事诈骗的商人，勒令停业，并由警厅监察。取缔令发布之后，钱桌子有所收敛。没过几天，钱桌子又变成小钱铺重新出现，但不再像以前那样在外摆设，附设在各商铺内，门外特挂牌匾，标明"兑换各种货币"。7月末，全市非法摆铺兑换银钱小商达1000多家。十月革命之后，俄币发行更滥，数额巨大，价格忽涨忽落，摇浮不定，一些杂商趁市面帖值差价甚大之机纷纷从事钱桌业。到1918年，仅吉林滨江县一地（道外）就有钱桌子323家，1919年初猛增到552家。

俄币退出主币地位，日本金票乘机而入，币制纷杂，钱桌子再次兴旺。1919年10月，东省特区和滨江县内钱桌子激增到1200多家。钱桌子趁币制紊乱之际，任意涨落价格，扰乱流通领域破坏社会民生。1919年6月11日，哈尔滨临时警察总局局长张曾榘，代督察长何裕璞联合发布《取缔钱桌子通告》，规定"除保留上年与本年开设的52处准予继续营业外，其余钱部停止营业，并决定以后不准添设"。尽管当局三令五申取缔钱桌子，但一些靠钱桌子投机钻营者却置若罔闻，继续营业，且增摆了几百家。警察局鉴于此种情况，于7月底不得不最后发布通告：对已领取董事会营业执照的52处准予营业，其余一律停业，若以后再增发营业执照，必须按下列规定办理。（1）凡摆设钱桌子以兑换为业者，必须为中华民国男子年满20岁至60岁以下者，资本有国币500元以上者；有两家以上的殷实铺保者，经核准发给执照，准予继续营业。（2）继续营业的钱桌子以遵守警察厅指定处，以无碍交通为限，不得自由变迁地点。（3）钱桌子之前应悬挂一面粉牌，标明各种货币价格，不得随意涨落。（4）钱桌子不愿营业者由该管警察局撤销执照，不准将执照私授他人，顶替冒名；以后，不准添设钱桌子。从此，道里的钱桌子仅剩52家。

1919年10月，哈大洋票发行，市面改成大洋本位，兑换业萧条，资本较少的钱号不能支撑，先后歇业，1920年初全埠关闭了70多家。1922年6月，吉林省警务处长钟毓发布《取缔钱桌经纪营业章程》要求：（1）各钱桌子及经纪人重新登记，对营业者的姓名、年岁、籍贯、住址、资本、设桌地点、营业地址和营业时间、担任经济范围等进行详细登记。（2）统一规定各种货币的比价，一律按公定价格兑换。（3）资本在大洋1万元以上者，准许设立钱号，不足万元者只准设立钱桌子。由于公定比价，所以兑换贴水很少，加之钱庄及货币兑换所的设立，抢走了钱桌子的生意。至20年代中期，傅家甸内钱桌子基本停业，有少数零星兑换也附于商铺和钱庄内，钱桌子形式，随着哈大洋的广泛流通，逐渐灭绝于市。

《钱桌子·钱庄·货币交易所》

❖ 秦绍儒：招揽生意靠幌子

在旧社会，由于文盲充斥，工商界为了招揽生意，除靠"字号"外，主要是凭"幌子"来吸引顾客上门。久而久之，这些"幌子"已约定俗成，成了各地通用的工商企业门牌的标志。那时，顾客看"幌"进门，"各取所需"，至今，有些工商企业仍沿用"幌子"作牌号来招引顾客。如理发店、饭店等。

旧社会，各行各业的"幌子"五花八门，仅笔者所见就有30多种，诸如：

1.饭馆：三根绳子挂着一个红色罗圈，汉族的在罗圈下面挂上红纸条。回族的挂上蓝纸条。另有单幌与双幌之分，以此区别大小饭店。

2.烧饼铺：挂小块竖木板牌，红地黑字，上面写着"香油烧饼""到口自酥"等字样。

3.果香铺（点心铺）：挂着四个竖着的大大木牌子，红地金字，上面写着"京式八件""五香供果""芙蓉糕点""西洋糕点"等字样。

4.茶馆：挂着四串小木牌，每块木牌上写着各种茶名。

5.烧锅（酒厂）：挂的是二尺多高的铜壶，下面赘个红布条，卖酒的商店挂着铁制或木制的酒壶。

6.醋酱坊：挂的是一个压腰葫芦涂着颜色。

7.挂面铺：挂的是一块横木牌，下面是一排纸条，木牌上写着"银丝切面"或"加工切面"等字样。

8.理发馆：挂着一块横木牌，下面垂着一块白布，写着"理发"二字。

9.染坊：挂着一件青衣片子，中心一块白布，写着"染"字。

10.小旅店：挂的是一个罗圈。

11.大车店：在高高的幌杆上，挂的是一条木刻大鲤鱼，雕着一串罗圈。

12.药店和诊所：挂着一串膏药，两头是半块，中间三个整块膏药，有木制的，也有铜铁制的。

13.百货商店：在幌杆上，排一对或两对如锦旗状的布旗，上面有"绫、罗、绸、缎"等各种布匹的字样。

14.银匠铺（专卖金银首饰）：有的用四根木支起一个木雕四框，中间一个古钱模型，上面刻着"招财进宝"四个字。有的摆出个桌子，上面一个玻璃亮匣，里面挂着首饰。

15.木匠铺：在敞开的门市房里，摆着一落棺材，一套柜箱。

16.旋匠铺：挂着一对木棒棰。

17.筐子铺：挂着一个土篮，下垂一块红布条。

18.笤帚坊：挂个笤帚，下垂一块红布条。

19.皮铺：挂四条皮子。

20.鞭杆铺：用多只竹鞭杆子组成一个扇面形状的幌子。

21.三行庄（收购皮张、猪鬃、马尾的）：挂几张鼠皮和几捆猪鬃。

22.修表店：挂一个木制的大怀表。

23.当铺：挂一块长方形的大木牌，上面刻着一个"当"字。

▷ 民国哈尔滨当铺

24.棚铺（为婚丧礼仪搭大席棚，租赁餐具的）：在院中竖起搭棚用的木杆。

25.扎彩铺（扎花铺）：挂一个大车轮，着上花色。

26.吹手棚（结婚丧事吹吹打打）：挂一块长木牌，上面画着各种乐器，还写着"风雨不误"。

27.卦摊：外面摆着一张桌子，桌前挂块布，上面画着八卦，桌上放着卦签筒。

28.靰鞡铺：挂一张小黄牛皮。

29.浴池：在高杆顶尖挂个红灯笼。

30.卖孩子：孩子脖后，插上一束黄干草。

31.妓女院：临街住房，门前有排板影壁，门上挂红窗帘。妓女经常穿着妖艳服装，花枝招展，倚门站立，招徕嫖客。

32.豆芽铺：挑起一个木杆，顶头挂一个筐，筐底拴个红布条。

33.卖石灰厂：板杖子外面刷白石灰，并大写"白灰"二字。

34.弹棉花坊：挂起一大团白棉花。

35.煎饼铺：挂一个半圆形木板，上面写着"山东大煎饼"，下面拴上九个红布条子。

《幌子之说》

第五辑

健身看戏再游玩，
老冰城的老活动

❖ 王立疆：使观众流连忘返的道里体育场

中东铁路哈尔滨总工厂里有3000多名俄国工人，愿意参加体育活动的也不在少数。因此，在药铺街西端路南修建了道里体育场，还建立了"体育会"，自然形成了开展体育活动的中心。道里体育场处在道里中心地带，对来场活动的人很方便，每天来场运动的人陆续不断。场地一周为218米，跑道平坦，土质松软，既适于穿运动鞋跑，也利于穿跑鞋练习长短跑，还可以比赛自行车，两侧有坡形弯道，用水泥建成，平而光滑。场内有排球场、篮球场和拳击台等设施。北侧建有木制看台，能容纳观众千余人，看台后边还有网球场。

差不多每个星期天，都在这里举行运动会，为期半天。有时也在星期六午后举行"周末运动会"。工作人员和裁判员都是由体育会的会员担任，到比赛时间全员出席，各尽其责，一丝不苟。运动项目是田径和自行车比赛，时而还组织拳击、篮球、排球、网球等比赛。有时也邀请其他城市的球队来哈比赛，还邀请过东北大学田径队来哈表演，但观众不多，没起到观摩作用。平常每周的运动会观看的人颇多，观众最感兴趣的是坡形弯道自行车比赛。运动员骑车技术熟练，动作敏捷，忽前忽后，忽上忽下，变化多样，惊险动人，引人入胜，使观众流连忘返。

每到深秋之际，天气渐凉，就举行最末一次运动会，比赛项目都是精彩的，平常观众爱看的。在赛前就把比赛项目排好，并把参加各项比赛的运动员名单写在大纸上，张贴在秋林旁边墙上，很受观众欢迎。

运动会开始之前，观众陆续来场，挤满了看台，大有人满之患。尤其儿童更为活跃，东跑西窜，有些混乱。但场内秩序井然，运动项目依次进行，观众助兴气氛非常活跃。每项运动获冠军者，大会都给奖品。

赛车冠军获得者大会给带上黄穗的红宽带子，骑车绕场一周，受到观众最热烈的祝贺！有的鼓掌，有的喊叫，有的吹口哨，有的握手，形形色色，兴高采烈。

▷ 道里体育场

看台后面设有西餐馆，专门供运动员和一般观众随时用餐。由运动会开始至闭会，就餐的人接续不断，有时还拥挤不堪，食品多样可口，观众和运动员都很满意。总的说来，道里体育场是当时开展体育活动的基地。在1928年随着教育权的收回，体育场也改为道里第一体育场，委任中国人为场长。随后又在马家沟国课街新开辟一个第二体育场，这就为开展体育活动增加了基地。

《回忆哈尔滨体育（一）》

❖ 王立疆: 水上活动与冰上运动

每逢夏季，在松花江的太阳岛上会开设深浅游泳场。贴近岸边矗立着一座随着江水涨落永远与水面保持固定高度的浮动跳水台。在其东侧还有一个木制的浅水带底木槽游泳场，长约十多米，宽约八九米，也是随着江水涨落，保持固定深度，在里面游泳十分安全。在沙滩上设有篮、排球场，高低杠，双杠，秋千和打棒场等，还备有小舢板船、划艇和帆船等。这里聘有男女游泳指导员，负责教体育会的会员游泳。共分两班，初学的为第一班，已经会游的为第二班。每日午后活动三小时，有时在沙滩上练习游泳基本动作，先学蛙泳，后学爬泳（即自由式）。有时入水练习，初学的在浅水区内自己练习，会游泳的三五成群过江或顺游，游后就上沙滩晒太阳。休息后，有继续游泳的，有男女混合一起玩排球或打棒子的，还有做其他各项活动的。单人划艇是俄国人很喜欢的一种活动，就是江中有浪还一样划来划去。水上体育会广收学员，每年由6月起至8月末止，每个学员收费三元。我在水上体育会学习了三年，不但学会了游泳，而且体质增强了，越游越有兴趣，到现在虽已年近八旬，但仍坚持游泳，夏江冬池不间断。

入冬以后，天寒地冻，道里体育场的田径场地，放水浇成冰场。用雪堆成雪线，分为跑道和花样场地，无论线内线外冰面都很光滑。滑冰时间分为早、晚两场，早场9点至12点，晚场由6点至9点。每天早场滑冰的人数不多，晚场6点以后，灯火明亮，来滑冰的人逐渐增多，每逢星期六和星期日人就更多了。花样滑冰的人，女多于男，速滑的人男多于女，练习速滑的人没有练习花样滑冰的人多。在花样滑冰中，最引人的是男女双人滑，一对一对的转来转去，给冰场上增添了异彩，吸引了很多围观者。

▷ 松花江浴场

　　体育场配有滑冰指导员，专门指导花样滑冰，所以滑花样的人逐年增多，滑冰技术也逐年提高。从当时来看，花样滑冰开展得还很广泛。每到新年之际，举行滑冰晚会，都以化装表演为主。有的身着古装，头戴旧式帽；有的穿奇装，戴假脸，服装都很新颖奇特。表演的动作多样，敏捷灵活，引人入胜，受到观众好评，对优秀者还发给奖品。

▷ 打爬犁台

松花江从每年的11月下旬到翌年的3月末，是封冻期。在冰面上，不仅可以行人，还可以奔驰各种车辆，平坦的冰冻江面，是孩子们（也有大人参加）滑冰和打爬犁的欢乐天地。在道里江边上的铁路俱乐部旁修建一座打爬犁台，滑台高出地面，往江里冰面上修成一条长坡冰道，远伸到江心。打爬犁的人们在高台上坐着爬犁，顺着冰道往下滑去，快似飞箭，顺利时可滑很远很远才停止。然后拿着爬犁，走回高台，再往下滑，反复活动，趣味横生。有时坐爬犁的人没掌握好平衡，往往中途人滚爬犁歪，造成两分离，轻则衣服弄脏，重则人受创伤。许多孩子都喜欢打爬犁活动，不怕冷，不怕雪，越玩越爱玩，这是冬季冰上活动锻炼身体的最好项目之一。

《回忆哈尔滨体育（一）》

❖ **王立疆：各种运动会**

1929年初，东省特别区教育厅经长官公署批准，定于5月举行东省特别区第一次学校联合运动会。这次运动会是学校教育管理权收归教育厅统一管理后举办的首次运动会，所以有关方面特别重视。东北边防军司令长官张学良亲任运动大会名誉总裁，东省特别区张行政长官为名誉会长，教育厅厅长张国忱为会长，一些机关、商店和个人为大会赠送了奖品1514件。

大会经过两个多月的筹备，于5月11日，在哈尔滨马家沟第二体育场举行。运动会规模较大，大会工作人员有191名，运动员有1176名，参加运动会的学校除哈尔滨9所中学、26所小学以外，尚有中东铁路沿线各小学校37所参加。

运动大会开幕式非常隆重，东省特别区张长官、吕督办等一些军政要员出席了大会。万余观众争观大会，曾一度挤满了运动场跑道。开幕式上，鸣礼炮30响，乐队高奏歌曲，教育厅厅长张国忱致开幕词，出席大会的一些长官也致了词。

比赛开始后，运动员们个个精神饱满，跃跃欲试，虽然场地因前日降雨还有粘鞋之感，但仍精神不懈认真比赛。在运动场上最受人注目的是女中学生孙桂云，她破除封建，身着白色短袖运动衣，下着黑裤衩，又疾跑如飞，在一二百米短跑中创出了优异成绩，获女中组个人成绩总分第一名，观众给以最热烈的鼓掌。在男运动员中，一中高中学生刘古学也是最受观众欢迎的一员。他是中、长距离跑的能手，在五千米竞赛中一直跑在最前面，后边运动员越奋力追赶越被他拉得远，终以18分51秒的成绩获第一名。

▷ 孙桂云

比赛中，小学生们还进行了持球、飞绳、拾物、顶囊、穿袋等多种有趣的比赛，很受观众喜爱，观众席上不时发出欢笑或喊加油鼓励，欢呼声不断。

各小学校还进行了团体操比赛，其中十七校最为精彩。十七校陈兆弟老师对体操颇有研究，教法得当，训练有方，他们一出场即给观众以队列整齐精神活泼的印象，在表演中动作灵活正确，队形变化多样，受到群众好评，获小学团体操比赛第一名。

▷ 符保卢

大会历经三天激烈比赛完满结束。通过这次运动会，对开展当时体育活动，起到了宣传和推动作用。

1928年8月初，还在东北大学运动场举行了奉、吉、黑三省运动会，东省特别区体育代表队参加了大会。我们这个代表队由教育厅芮视学为领队，我为业务指导，另外有一名女管理员。运动员男子有符保卢、刘古学、王铭绅、吴景耀等。女子有孙桂云、王渊、吴梅仙、刘静贞、肖淑玲等。在比赛开始时，符保卢有些紧张，过去一直在哈尔滨道里第一体育场狭小场地上练习，已经有了习惯性，这次在正规400米一周运动场上来比赛，人多场地大，环境不同，精神上有些负担。我对他说："场地环境变了，不要受影响，不要紧张，不要发慌，不要畏强，一定要沉着，精神集中，勇敢比赛。根据平日练习的成绩，你是很有把握的，大有希望，祝你创造好成绩！"符保卢站起来，做做准备活动。大约十分钟以后，高度升到三米，符保卢开始进行第一次跳，竿起轻松一跃而过，姿势优美。高度上升一次，就跳过一次，最后，最高纪录为3米80。为大会添了异彩，为特区争了光荣，为学校赢得了荣誉。这次运动会由于全体运动员的积极努力，男、女运动员均获得中学组男、女子总分第一名。

东三省运动会之后，东省特别区代表队还相继参加了第十四、十五届华北运动会。

1929年5月，特别区参加在沈阳召开的第十四届华北运动会的运动员有男子王绍业、刘古学、关宏达、符保卢、吴景耀、王铭绅、王发禹等；女运动员有孙桂云、王渊、吴梅仙、刘静贞、肖淑玲等；比赛结果又一次分别获得中学组男、女总分第一名。

1931年5月参加在济南召开的十五届华北运动会的运动员，男子有符保卢、王绍业、郭景胜、王铭绅、刘古学、关宏达、吴景耀等；女运动员有孙桂云、王渊、吴梅仙、刘静贞、肖淑玲等；比赛结果，再次获得中学组男子和女子总分第一名。女子二百米接力成绩为28秒6，获第一名，创造新中国成立前全国最高纪录。当时《大公报》记者，称赞特区女运动员说："哈尔滨米土，俄国化，乳峰突起，露着白而黄腿肚，英勇可爱。"

大会在济南闭会后，特区代表队去泰安参加田径对抗赛。符保卢被马鸿逵军队邀请去做铁杠表演，因士兵每天有定时练习铁杠，但动作很简单，难度不大，没练习过大车轮动作。当符保卢做大车轮表演时，所有官兵都争先恐后观看，越看越觉精彩，掌声不断。表演结束后，官兵一致请符保卢留下当军队体操教官。他婉言谢绝说："我要继续刻苦训练，争取在撑竿跳高项目上，创造更好成绩，雪洗'东亚病夫'之耻辱，这是我的心愿。"

▷ 30年代山东省立体育场

《回忆哈尔滨体育（一）》

❖ **张继修：** 吉万山力挫白俄大力士

　　我是在1945年东北光复之前认识吉万山的。但真正和他相互熟识和了解，还是在哈尔滨解放后。有一次，他向我谈起与白俄大力士杰力柴夫比武打擂的经过，他说的有声有色，滔滔不绝。

　　他说，那是1933年，当时称为"东方小巴黎"的哈尔滨，已沦陷在日本帝国主义的铁蹄之下，虎狼窃据，暗无天日，民不聊生。6月初，一个法国杂技团由欧洲取道日本，转到我国上海、天津、沈阳等地表演之后来到这里。

　　杂技团里有个白俄大力士，叫杰力柴夫。这个彪形大汉身高1米80以上，体重200多斤，以摔跤、柔道著称，并能负担千斤之力。杂技团在道里红星体育场表演时，杰力柴夫用一根铁杠能肩挑十人；拇指粗的铁筋，可以轻而易举地缠在自己臂上而面不改色；还能把小汽车拽住开动不起来。观者无不惊讶，一时名噪全市。自称："走遍欧亚无敌手"，到处叫嚣，骄横跋扈已极。

▷ 吉万山

有一天，不知从哪里打听的消息，竟自己来到我的门上，出于礼貌，我把他让进屋里。只见他挺胸昂首，用不屑一瞥的神情，在屋里先扫了一下，转了个圈子，看到我在历次运动会得到的奖品：地球仪、银盾等物，肩一耸，眉一扬，咧开嘴哼着说："这些玩意，算了什么，我有的是。"当时我看到他这种神气，就有点恼火，但出于礼貌，我没理睬。他看我没有说话，转过脸来，和我面对面用手指着我的鼻子说："你们东亚病夫之国，我到过你们国家那么多的地方，没人敢来较量，不信你来试试！如果你能胜我，偿你三百银圆。"说完，他那红勾鼻子向上一翘，"嘿嘿嘿"地一阵冷笑。

你想，我那时候正30左右，身体也棒实，哪里受得了这样的肮脏气！

当时气得我火冒三丈，真想给他一拳。但还是压住了怒火，我也用俄语没好气地对他说："好吧，我倒要向你请教！请教！"说完我把手一伸，只见杰力柴夫一怔，"咱们击掌为定！"我接着说。

本来杰力柴夫到哈之后，说要和我较量高低，我就有些憋不住了。可一想到当时豺狼当道，什么坏事都干得出来，为了少惹麻烦，只好忍耐、回避他们。

今天杰力柴夫自己找上门来了，并大言不惭，出口不逊，就是冒再大的风险，也要出这口气。杰力柴夫走后，我匆忙地找来几位武林好友，商量了一下对策……

三天后，我们在哈尔滨主要大街上，贴出了一张张引人注目的大广告，人们围着争相观看，广告上大字写着：

各位武林老师，各位先生：

我吉万山与白俄大力士杰力柴夫定于明晚六点钟，在亚细亚大舞台打擂比赛，望各位光临支持……

这个广告，像一块巨石落到一潭死水里，激起了人们自豪的感情，当然也有很多人为我的安全而担心，街头巷尾议论纷纷。

第二天的傍晚，还没到打擂比赛的时间，坐落在南岗区的亚细亚大舞台，早已被人们围得水泄不通。中国人、外国人，来助威的，看热闹的，还有维持秩序的日伪警察，提篮叫卖的小贩……简直像开了锅。票价原定三角一张，顿时暴涨到两元。

舞台内，华灯高照，座无虚席，连走廊、过道、台侧都挤得满满应当。6点钟比赛开始，我们俩都上身赤体，只穿裤衩、胶鞋。

杰力柴夫趾高气扬地先走到了台子中央，得意扬扬，活像一只大熊瞎子，伸腿拉胯，做了一番力量表演。这明显是炫耀自己，想对我来个下马威。看到这情景，有一位武林好友，到我跟前劝我说："算了吧，不要找麻烦了，我们走吧。"我斜他一眼，没有吱声。待杰力柴夫练完之后，我就一个箭步蹿到台中央，和杰力柴夫对峙着。

这时整个场里鸦雀无声。还未等裁判下口令，杰力柴夫就猛地向我扑来。我用了一个虚着一闪,杰力柴夫扑了个空。接着我故意和他兜了几个圈子,他赶忙又调整了方向,再一次恶狠狠地一扑,想用手来搭我的肩膀。我故意一闪,顺势来了个"顺手牵羊",死死抓住他双臂有利部位,借他脚跟未稳的瞬间,我左脚未稳的裆间,使劲向自己跟前一拽,紧接着使了个武术"鬼推磨"的招数,贴近对方身体,全身拼力一靠,只听扑通一声,杰力柴夫还未弄清怎么回事,就四足朝天腾空跌在地上了。

▷ 亚细亚大舞台

　　全场响起了雷鸣般的掌声和叫好声。那个自称从来未吃过败仗的"大力士"恼羞成怒。他爬起来,两眼发红,直瞪瞪地盯着我走过来。不知是乱了方寸,还是特殊打法,他竟张开巴掌,朝着我的脸打来。说时迟,做时快,我左手一挡,右脚顺势插进,用脚扣住对方脚跟,紧跟着用了一个"虎抱头",拳、身齐进,照准杰力柴夫左肋就是一拳。这一拳打得非常实在,只听"哎呀"一声,他连退三四步远,一屁股坐在地上,半天没有起来。

　　场内哗然,只见人们都站起来,鼓掌声、叫好声、笑声、口哨声响成一片。我一看情况不好,趁着维持秩序的日伪宪警对这突如其来的情况发忾的时候，在几位好友的簇拥下，越窗而走了。只听后面的叫喊声："捉住他！捉住他……"

第二天哈尔滨市的《小午报》因登有这则消息，一大早就被人们抢购一空。当人们纷纷议论这则新闻的时候，那个自吹打遍欧亚无敌手的杰力柴夫，连同他那杂技团，却偷偷溜出了哈尔滨市。

许多天后，杰力柴夫从上海发来一份电报，又邀我去上海再较量一次。我考虑上海那个地方我人生地不熟，而且当时那年头，哪儿都一样黑暗，我去了肯定不会有我好，所以我没去，也没回信。

《吉万山力挫白俄大力士》

❖ 刘绍义：人山人海的赛马场

听当时的老人讲，这个赛马场是光绪三十一年（1905年），由俄国人创建的，第二年就开始进行赛马活动了。每年春、夏、秋三季，每逢周六、周日都开赛（雨天例外）。当时名称叫"北满赛马协会"。1922年日本人才加入该会，改成了"股份公司哈尔滨赛马场"。伪满时期又先后称"哈尔滨赛马株式会社"和"国立哈尔滨赛马场"。几经整扩建，范围越来越大，当我进场的时候，场外已经有一些食杂店和饭馆了。每当赛马日人山人海，相当热闹。1940年以后，又增设了"皇家"赛马活动。

赛马场从形式上看，只是一个娱乐、体育活动场所，而实际上却是一所官办的大型赌博场。参加的人大多数是白俄、日本人中的上层人物。那些外国人多是些衣冠楚楚、打扮入时的中青年，有的还携带家属乘坐大轮马车赶来，坐小汽车的不多。中国人则多是来看热闹的，实际买彩票的极少。

赛马场比赛的形式分两种，一称是马车赛，一种是骑马赛。参加车赛的车，是一种特制的双轮大马车，车斗上只有两人的座位，但参赛时只许一个驭手在车上。骑马赛又分两种形式，一是速度赛，一是障碍赛，各有各的跑道。障碍赛的障碍物，只有几处一米多高的竹障和两米宽的跳沟，比现在电视中看到的障碍赛简单多了。

▷ 驾车赛马

参赛时，除经常参加比赛的固定骑手、驭手、马匹外，也允许外来骑手、驭手、马匹参加，但赛前必须经过严格考核，如对骑手、驭手、马匹进行体检，试跑等。然后将合格的骑、驭手和赛马，按实际人马的素质，分成甲、乙、丙、丁四组，各编上号码。骑手与驭手分别穿上不同颜色的号坎，一号红色、二号蓝色、三号黄色、四号茶色、五号绿色，以后号的颜色就记不住了。赛前还将这些骑手、赛马过去的竞赛结果名次及比赛的场次用大幅广告牌公布于众，同时还向参加活动的人员分发赛马记录明细单，供购票者参考。

每次比赛前，为了使每组赛马负荷重量平均，还规定了人、马、鞍、车的标准重量，骑手、马鞍、驭手、马车一一过秤，不足标准量的要以铅片填补，务使均衡达标。

开始比赛时，起跑发令是摇旗，不用枪（怕马惊），起跑抢码要退回重跑，一般不取消比赛资格。在看台前，左右各设一监视台，发现某骑手犯规立即与裁判联系，即使跑了第一，也要取消资格，监视台设有电话。

买马票中奖是这样的。赛前半小时骑手先在场内遛马，买马票的人根据每组赛马的编号，参考公布的纪录，再结合自己的实地观察，选择最佳的、获胜可能性最大的马，购买它的赛马票。票价一张为伪满币五元，购买张数不限。每场比赛30分钟，赛程短不足30分钟，也要等满30分钟再进行下一场。比赛的赛程不固定，有的2000米，有的3000米，也有的1800米，这是按每组马匹素质来决定的。每组参赛的马匹数，要看售出票数来定，最多时每组达14匹，最少两匹，通常都是六七匹左右。比赛结果所取的名次，也根据参赛马数来决定。一般是四匹马参赛的取第一名，五至七匹的取前两名，七匹以上的取前三名，比赛结果，谁买的票与优胜马匹号码相同，就算中奖。中奖的奖金由所卖票数多少来决定，即每场赛卖出的票钱除给赛马场一定比例外，都归获奖号分配。如某号获胜马卖出10张票，其他马共卖100张票（500元），那么500元再加上获胜号的50元，共为550元，假定给赛马场50元，余下的500元就由获奖的10张票均分，每张票可获奖金50元。因此，实票额最多的获奖号，结果中奖所得不一定多；相反卖票少而获胜的号，却能得更多的奖金。如一组赛马共五匹，其中一匹优胜的只卖两张票，其他四匹共卖100张票，这100张票所卖的500元都要归获胜的两张票平分，每张票可得奖金200多元。根据这一道理，有时买票者便与骑手暗中做交易，使卖票少的马获得胜利，从而获得更多的奖金。有一次，我看到有个买马票的日本人与骑手井上（是个瘸子）捅捅咕咕，知道其中定有文章，我便跟在那个人的后边，看到他买的正是井上的票。结果井上骑的那匹叫"小鸟"的赛马，本没有跑第一的记录，但这次却跑了第一，而这匹"小鸟"只卖了4张票，奖金2512元。得奖的日本人领了钱就走了。

原来骑手为了额外多赚钱，骑手之间也有时互相串通，与买票人内外勾结，暗地搞鬼，故意使售票少的马获胜，好多分些外快。场方就是防止买票人与骑手接触，才让骑手通过地下道进入场地的。即或这样，有时他们也能钻空子。井上的侄子也是一名骑手，一次比赛后，被井上用马鞭子好一顿抽，就是因为没达到井上的要求，没取得第一名，失掉了一次赚钱的机会。

在赛马场上，除买赛马票赌输赢外，还有一种"摇彩"的形式。摇彩的方式，虽然与赌赛马不同，但两者之间是有密切联系的，摇彩处于从属地位。摇彩随着赛马的场次进行，每赛完一场，就进行摇彩一次。在每场开赛之前，先卖彩票，票价每张伪满币1元。票面上标明彩票本身的号码，还附有本场参赛马匹的不同号码，每张彩票都有存根。待一场赛马结束后，就开始摇彩。将卖出彩票的全部存根做成小纸阄，装入一个球形周围带许多小孔的器物中，此器物有摇把，用手一摇，球即迅速转动，纸阄便由孔中甩出，甩出来的纸阄上的号码，就是中彩号码，但还须对上附带的获胜马的号码才能得奖。摇彩所得奖金，要比赛马少得多，虽中彩也占不了多大便宜。

▷　赛马场内

　　总之，不论马票获胜也好，摇彩中奖也罢，赛马场从总收入的金额里抽出一定比例的提成，旱涝保收，至于谁输谁赢他是不管的。

　　赛马场的赌博与其他赌博一样，总是输的人多，赢的人少。有的人一天之内连输几场，有的一连几次也没获胜。输客们在完场之后，垂头丧气钻进树林，那些赢客则喜笑颜开，领着老婆孩子踱进饭店，喝得酩酊大醉……

《我记忆中的哈尔滨赛马场》

❖ 刘静严：歌管楼台众舞台

本埠歌舞之盛，非独称雄北满，抑亦独冠关东。盖关外各地，圜法不一，完全以大洋为本位者，仅得此哈尔滨一地耳。故伶人之包银等费用，亦优于关外其他各地，声价稍高之伶人亦得应聘而来，于是本埠菊界，遂日臻发达焉。

▷　大舞台

现有梨园，皆设于道外一隅，故道外有本埠销金窟之称。每晚歌管楼台，万家灯火，诚不知人世尚有饥馑事，所谓升平气象，信不诬也。剧园共有大舞台、新舞台、华乐舞台、第一舞台、中舞台、安乐茶园等六家。落子园有庆丰、同乐二家。

因伶人之声望及艺能优劣之不同，而各园之价值亦异。大舞台昼间最高值为六角，夜间九角（以下同，均指十六年十一月言），新舞台昼间四角，夜一元，华乐舞台昼三角，夜间五角，第一舞台，昼夜均三角，中舞台及安乐茶园，则均昼二角，夜三角，庆丰茶园昼五角，夜七角，同乐茶园昼五角，夜八角。因其价值之不同，故各园之收入亦迥异。据十六年十一月之调查，大舞台每日收约五百余元，新舞台约四百六七十元，华乐、第一两舞台，均甫足二百元，中舞台及安乐茶园均百余元，庆丰茶园约三百余元，同乐茶园二百六七十元。考新舞台最高价为一元，大舞台为九角，若以新舞台之角色与大舞台相衡则弗逮，惟新舞台以地势优于大舞台，故收入亦颇不弱。

十五年以前，各梨园均时遭军警之搅扰，自丁镇守使到任之后，以为梨园本属公共娱乐场所，与市面之发展，人文之进化，均有息息相关之势，若长此军与观客混淆，实与治安有碍，因定每星期四及星期日两日之昼间为军警观剧之日。盖本埠军队之每周休息日，并非尽在星期日，尚有星期四休息者，故每园平均一周有一昼间为军警观剧之日，不准出售客票，以清界限而保公安，谓之曰军警义务戏。至其他日，则概不许军警涉足，如欲观者，须着便服，遵章购票。是例既施行，军民两方，均称便利，各梨园除每周有一昼间专行招待军警外，其他各日则与营业并无丝毫损失也。

兹依戏剧之分类，将本埠现有之伶人，举其著名者，汇录而类别之，以为有周郎癖者之参考。按戏剧总分为生、旦、净、丑四大类。生又别为文武两种，文生又别为老生、小生两种。旦别为老旦、青衣、花旦、刀马、贴旦、丑旦、宫女旦七种。净则别为粉脸、铜锤、黑头、架子二花、武二花五种。丑则别为文武两种。

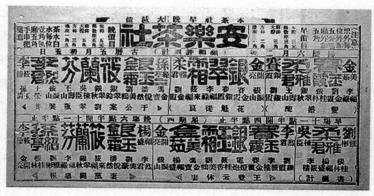

▷ 安乐茶园广告

　　老生当以大舞台之杨瑞亭、马德成、马武成、赵松樵，新舞台之王少鲁、张韵宸、小宝义，华乐之刘永奎，第一舞台之马秀峰等为著名。红生以大舞台之程永龙为独步。小生则无甚著名者，若华乐之马笑云，第一台之王海楼，尚有可称处。武生以大舞台之七岁红、赵松樵，新舞台之曹宝义、小宝义、田鸿儒，华乐之鲍世英、程富云等为著名。老旦前以竹翠茹为最擅长，现已不在埠内。青衣以新舞台之新黛玉、第一台之小小香水为最著名。花旦以大舞台之花美兰、雪艳琴、花美容，第一台之胡绛秋、白莲藕，华乐之金紫玉等为最著名，惟以上各花旦，往往兼习青衣。刀马旦以新舞台之花翠兰、喜彩春，第一台之李紫龄，大舞台之于紫仙等为著名。至贴旦戏则多为花旦兼饰。丑旦、宫女旦，则几人皆能饰，并无专长者。净角则著名者厥少，就中大舞台刘银玉之粉脸，新舞台蒋宝印之武花，尚称此中翘楚。文丑以大舞台之余德禄，华乐之鲁鑫泉，颇有可称道处。诸伶人中，其包银最多者，为大舞台之杨瑞亭及新舞台之花翠兰、杨伶宗。京派能戏甚多，若《空城计》《珠帘寨》《李陵碑》《逍遥津》《黄鹤楼》《战长沙》等，皆为拿手。其嗓音雄劲刚健，气力弥满，行腔佳妙，余音绕梁，每袍笏登场，饱受此间人士欢迎，值各梨园合演义务戏时，于万目睽睽中，尤为出色。平时该伶睹观客不甚踊跃，则每敷衍了之，此为其小疵。花伶翠兰，以武旦驰名，其拿手戏，若烟火棍、对松关、百草山、刺蟒、八宝公主等，均颇叫座，自该伶抵哈后，新舞台逐日观客拥挤，其魔力有如是者。刘永奎年龄稍长，但气力仍足，尚颇卖力。马德成沉于酒，张韵宸溺于色，均无大进境。小宝义、鲍世英均为童伶中之铿锵者。胡绛秋、花美兰、雪艳琴、白莲藕等，均为后起之秀，来日方长，前途正未可量。金紫玉于五年前，以色艺双绝誉满辽沈，几妇孺皆知，今则嗓音喑哑，往往不能成声，殊为可惜，但姿容娇丽，仍不减当年。程永龙之关公，扮相英勇，气度雍容，对于勾抹脸谱，尤为擅长，本埠实无出其右者。七岁红矮小精悍，以短打闻。曹宝义凝练结实，以长靠著。

至本埠各落子园，每日观客拥塞，收入均颇不弱，除大新两舞台收入较多外，其次则推各落子园。盖本埠商人最多，尤以深州、乐亭等地为著，诸地为落子产生处，此为其发达原因之一。又戏剧多古代历史，普通人不甚明了其事实，对于戏中字句，更属茫然，故不感若何兴趣，而落子则不然，唱句甚少，作白居多，且事实简略，妇人孺子，皆可领会，此其发达之第二原因。若庆丰之金灵芝，同乐之小桂花，均为此中健将。金伶冰雪聪明，色艺双绝，不佞历观其拿手《莲花庵》《夸北京》《败子回头》等，极尽嬉笑怒骂之致，观其色婀娜娇艳，聆其曲也，高调若铁哨银笙，清脆悦耳，低调若玉箫寒瑟，荡漾悠魂，惜落子每不见重于高人君子，徒为庸夫愚妇所称道，犹之明珠暗投，可慨也夫。

《滨江尘嚣录》

❖ 李登芸：名家荟萃新舞台

松花江剧场坐落于哈尔滨市道外区北三道街。剧场占地面积800平方米，座席1100位。剧场原名新舞台，于1920年在原辅和茶园的旧址上重建，现隶属黑龙江省评剧团。

▷ 新舞台演出广告

在19世纪初，哈尔滨随着水运码头的建成（现道外北七道街）和中东铁路的通车，使道外地区（时称傅家甸）人口骤增，经济繁荣，迅速发展成为远近驰名的商埠，也带来了人们对文化生活的需求。1908年，傅家甸兴南木业公司的经理，著名商贾，通河县人于为霖在清朝当局发放土地地号时，花少量的钱在北三道街买取地照，修建了木结构的辅和茶园。辅和茶园是当时傅家甸地区第一个公共娱乐场所，开始营业时主要接待的对象是山东、河北等地"闯关东"的劳苦大众和修建中东铁路的民工。活动的内容是说书、喝茶及简单的民间杂耍等，偶有小股皮黄、梆子戏班来园演出。辅和茶园的建立，对后来道外北市场的形成，道外地区大小茶园、剧场的陆续修建，有一定的影响。

1910年后，道外南三道街的庆丰茶园，正阳头道街的同乐舞台（现温泉浴池后院），东莱街的第一舞台等剧场先后建成。尤其同乐、庆丰两舞台开业之后，与辅和茶园的竞争尤为激烈。

几年后，于为霖病故，茶园由其弟于震霖继续经营。至1916年（民国五年）于震霖经营困难，在竞争中深感经济效益不大，把茶园租赁给他人，在租赁合同的条文中写有"租房不租地，房倒屋塌，子孙永远为业"。虽然财产出租他人，但于震霖紧紧把握住了地皮的所有权。1918年，茶园在一次演出中不慎失火，被烧成一片瓦砾。双方为此产生了严重的分歧，各不相让，最后由奉天高等法院裁决，于震霖胜诉。从1919年春天起，于震霖再投资金，在辅和茶园的废墟上，大兴土木，修建了木结构的两层楼，这是一座可容纳1000多名观众的大型剧场。1920年，剧场竣工，改名新舞台。新建的新舞台取京、津、沪众家剧场之长，台板下，放置十几口大缸，对演员的发声起到共鸣作用；台口下，左右各开一个直径二十厘米的出音孔。剧场内的取暖设备为四个用大铁桶做成的炉子，观众席内为长条板凳，二楼设包厢。

营业之日，邀来京剧武生泰斗杨小楼及京、津名伶昼夜演出，引起轰动，不少人徒步或乘马车、人力车从四面八方涌向道外新舞台观看演出，一连数日，盛况空前。从此，新舞台名声大振，与大舞台（位于道外南十六道街，修建于1919年）、华乐舞台（位于道外南十六道街，修建于1921年）、中央大舞台（位于道外丰润六道街，原名中舞台，改建于1940年），成为道外地区四大戏曲舞台之一，成为全省戏曲活动中心。

新舞台建成后，主要以京剧班、社演出为主。著名京剧演员言菊朋、奚啸伯、于连泉、李万春、王少鲁、张韵臣、白玉昆、曹义斌等纷纷来哈在新舞台献艺，他们的精湛表演，给观众留下了深刻的印象。

1922年初，著名河北梆子演员，卫派艺术的创始人魏联升（艺名小元红）来哈尔滨新舞台演出，他演出的《战北原》《南天门》《芦花记》《蝴蝶杯》等代表剧目，表演逼真，因具有独特的艺术特点而轰动一时。当时本地大流氓、大恶霸姚锡九三姨太三荷花，被魏联升的技艺所倾倒，逢魏演戏必看，使姚锡九妒意大发，收买歹徒将魏联升刺杀于新舞台后院寓所内。姚锡九杀人后，依权财之势逍遥法外，激起梨园界公愤，纷纷组织起来向军阀政府抗议。在北平的梅兰芳先生得知这一消息后，为争得艺人的生存权，亦领导全国梨园界上书声援。在强大的舆论压力下，军阀政府被迫把姚锡九关押起来，这场斗争取得了胜利。

▷ 杨小楼剧照

1929年，著名京剧表演艺术家高百岁来新舞台演出全部《封神榜》，在宣传海报上，醒目地登出"编导高百岁"的横标，在全省戏曲舞台上，第一次出现了"编导"这一名词。

1938年后，新舞台逐步改为以评剧班社演出为主的剧场，先后接待过著名评剧演员金开芳、筱桂花等人演出。

《松花江剧场与黑龙江省评剧院》

❖ 王晓明：中央大舞台之兴衰

现在的哈尔滨市京剧院，在新中国成立前就是哈尔滨有名的中央大舞台。中央大舞台原来叫中舞台，始建于1924年4月。这座楼房的房产主原是哈尔滨铁路局京剧名票孙宝麟之子孙质彬的。后由于孙氏家族发生矛盾，遂将孙家房产进行了划分，将中舞台及一部分财产分给了本家的第三代传人——孙汝媛经营管理。

由于中舞台处于傅家甸的中心位置，交通便利，伶人踊跃，所以上座率高。几年的经营，获利极多，使得孙汝媛乐不可支。但是，好景不长，1938年，因楼房的建筑是以木板为主，设计存在着严重的消防问题，被警察局命令强拆，迫使房产主孙汝媛出资重建。

这次重建以钢筋水泥代替了原来的木板，舞台由坐东面西，转为坐南面北，在三层楼的座席中，增设有雅座、包厢，座席也从1000个增加到2800个。建设工程历时一年，于1939年初竣工，并将名称改为"中央大舞台"。

为弥补一年来的损失，孙汝媛就亲自成立了一个戏班子。由于孙汝媛是一个富家子弟，不善经营和管理，不到两个月，他就支撑不下去了。孙汝媛一气之下，将整个戏班子交给了一个叫汪树禄的财主。至此，孙汝媛就只有房产权了。

汪树禄接手戏班子后，首先是创牌子。每次在演戏前，他都提前几天在各季刊上登出广告；然后，在傅家甸的大街小巷张贴大小海报；并派人到车站、码头、商店、客栈等地分送小海报。有的还乘坐马车，在车上竖起写有演出时间、地点、主角名字及演唱剧目的大型广告牌子。有的则边撒小报，边用喇叭喊着"临别纪念，最后三天，请君光临，勿失良机"等宣传口号。

为开台（一段时间停演后，再次演出称为"开台"），汪树禄亲自跑外地，邀来了"永春社"剧团李万春一行。李万春曾多次来哈尔滨演出，观众是熟悉的。特别是他演出的《吕布》，受到观众的欢迎，接连演出30多场，好声如潮，掌声不绝于耳，使汪树禄赚足了银两。

1940年起，中央大舞台经营权被一位外地来的曾给坤伶包头（化妆）的孙绍宗骗取。此人机敏、聪慧，他见京剧戏的观众不多，就组织起了评剧戏班子。不久，这里又成了演唱评剧的中心地点。许多评剧名角都愿意到中央大舞台露脸亮艺，使得评剧在哈尔滨风靡一时。

在中央大舞台兴盛时期，不仅来过全国著名的武生李万春、李少春，还来过"南麟（周信芳）、北马（马连良）、关外唐（唐韵笙）"，来过四大名旦"第一童伶（尚小云）"与"白牡丹（荀慧生）"，来过表演艺术家张君秋及大江南北的梨园子弟。这里有过艺人的欢乐，也有过艺人的悲哀。

《中央大舞台之兴衰》

❖ 刘静严：江上清风

江上泛舟，为韵事中之韵事，骚人名士尤多好之，东坡所谓天地之间，物各有主，惟江上之清风与山间之明月，取之不尽，用之不竭，是造物者之无尽藏也。盖深得山水之乐趣者焉。惜兹繁华滨江有一泻千里之长川，无冈峦起伏之山岭，诚为憾事。

松花江由本埠西南曲屈而来，邻正阳河、道里、八站、傅家甸、四家子等区，岸线在埠内者，达十有五里，就中以傅家甸江干尤为繁盛，四家子、道里等岸次之。每年通航期间，轮只密集，帆樯如林，小舟荡漾，逐波上下，诚大观也。当斜阳返照，渔舟唱晚之际，果携妻孥或二三知己，买舟放棹，把酒临风，仰望太空，俯瞰流水，清风明月，入我怀来，幽情逸致，不觉胸襟为之一阔。计其舟值，则极低廉，由道外江干迄道里约三里，仅需费五分，由道外横渡大江，抵对岸之松北镇，约八里，仅为一角。而舟子犹争先趋请，惟恐或后。怡情养性，有益心身良多，盖非达人不悉其趣，非名士不晓其乐也。

▷　泛舟松花江上

　　太阳岛位于松花江铁桥之西侧，隔江与道里相望，面积约四方里。其上有饮料馆数十家，并无可足录之风景。惟以位于江心，独得清凉之气，故夏季酷热之时，遂成为游人避暑之地矣。岛上各饮料馆，均附搭甚广之凉棚，其所售之汽水及食品等，皆较埠内昂贵。俄侨荡妇，多务是业。岛上灌木丛密，每为匪人藏身之所，荡检逾闲之事，时有所闻，故特区水上警察以风化攸关，取缔綦为严厉。但地势起伏不平，在在可以隐蔽，因之警察检验不到之处，遂多效桑间濮上之行，诚可叹也。

▷　沙滩上的外侨

　　夏季酷热，俄侨男女，争往沐浴，皆精于泅泳之术，间有在水中停
二三分钟者。其习浴之男女，多扬水为戏，习为快事。自远望之，千人之
头，隐隐浮沉上下，犹鸭鹅等水禽之捕食者焉。每浴数十分钟，即登岸仰
卧沙洲之上，以应阳光，虽着尺许之浴衣，而怀中双峰，依然隐隐隆起，
桃源胜境又时觉春色撩人也，华人望见者，多垂头掩面而过。惟彼卧者仍
坦然如故，并作犬吠驴鸣之歌，毫不介意，怡然自得，此之所谓非我族类，
其习各异之谓也。吾人以适当江心宜于避暑之雅游地，竟为彼辈之欢乐所，
惜哉！惜哉！

《滨江尘嚣录》

第六辑

冰城美食，那些让人
念念不忘的老味道

第六章

❖ 王立民：博采众家之长的大罗新糕点

1920年，为了迎接大罗新开业卖"洋"点心，开设了大罗香食品厂。当时哈尔滨除秋林外，没有几家像样的点心铺。那时最有名的是天津的点心，同记便派人到天津去请手艺人。食品厂的招牌是"大罗香"，即荟萃制造东西南北各种风格美味的食品。当时天津做点心的，仅有两位最著名，同记便用高薪请来了其中的一位，这位师傅姓常，带有20名徒弟，同记还破天荒地给徒工每月发10元钱工资。

大罗香食品厂做出的蛋糕从早到晚都保持一个颜色。这种蛋糕的投料比例是鸡蛋15斤，糖12斤，面粉8斤。此外还有青梅糕、一品糕、大油糕、夹心卷糕、苏合力、苏达饼干等数十种糕点。同记的糕点由于投料讲究，成色好，所以优质优价，每斤比别处高2—3分钱。

为了拓宽经营，又从天津请来一位专做糖心松花蛋的庄师傅，这种松花蛋切开之后呈现出美丽的松枝花纹。庄师傅与另一位做冰糖的师傅竞技带徒，为同记培训后备力量。后来听说从苏联回国了一位专做水点心的手艺人叫张玉亭，原是北京古北口人，他在莫斯科待了五六年，学了一手做水点心的技术。同记马上托人把他请来。当时能做水点心的只有秋林和大罗香两家。

在人才济济，糕点花样不断，倍受欢迎的基础上，派人去全国各地取经，博采众家之长。"大罗新月饼"就是集全国各地月饼之精华，并充分利用我省盛产蜂蜜这一得天独厚的条件，加以研制而成的具有独特风味的名牌食品。

大罗新月饼用料精良，工艺考究。以白面蒸熟、香油和面做皮，蜂蜜和馅，制成的月饼隔年不硬，越放越酥。据当年一位老店员说："当年过八月节，同记、大罗新约400余名职、店员，每天晚上包2—3小时的月饼，我们有意留下两盒，等第二年又卖月饼时，把它拿出来让大家品尝，结果竟比新月饼还酥。"

▷ 大罗新月饼广告

同记为迎合人们过"中秋节"的传统风俗习惯，赶制月饼应景上市。其大罗香食品厂从农历五月初开始生产各种月饼（这种月饼出炉晾干后，一块一块地装入纸袋，然后装入特制木箱，在木箱周围用纸条固定，以免搬运发货时碰坏酥皮），到农历七月十五，派人到外地贴广告。画面是艺术家张若喧画的一位没牙的老太太，吃着月饼说："我就爱吃大罗新月饼。"从八月初应市，同记、大罗新400余名店员，每天晚上包两小时，仍是供不应求，其销售量占全市总销量的80%以上。据老鼎丰已退休的郝经理讲："当时不到30万人口的哈尔滨，大罗新月饼年销50—60万斤，而老鼎丰只销15万斤左右。"真是名贯全市，行销东北三省，北销讷河，东销绥芬河，西销满洲里，南销四平、长春、奉天、大石桥等地，长春的振兴和等大商店均销售大罗新月饼。据胜利卫生院的邵大夫说："当年我在世一堂住地方，柜上每年都提前购买大罗新月饼。"

《哈尔滨同记工厂名牌产品的形成》

❖ 张启滨：谁人不识老鼎丰

民国初年，浙江绍兴人王阿大、许欣庭二人来到哈尔滨。他们二人共投资2400两银子，在傅家店正阳大街上办起了哈尔滨老鼎丰南味货栈，是前店后厂的格局。商店主要经营南方风味的干鲜食品和地方名产，工厂则小批量生产南味点心在自家店铺销售。当时，哈尔滨的糕点作坊都用吊炉烤制食品，而老鼎丰却把南方通行的手提炉引进了哈尔滨。这种手提炉烤火均匀，烤出的点心色泽好、质量高，但炉盘体积小，只适合烤制小批量精细食品。老鼎丰开张时只有两座手提炉，每炉一次只能烤三五斤月饼或四五两饼干，一天下来也只能出一二百斤糕点。

哈尔滨市民在当时还不大习惯吃南味点心，市场上尽是西式和京式点心。王阿大和许欣庭二人没有急于扩大南味点心的产量来和京、西糕点竞争，而是坚持做精细高质量的南味点心小批量投放市场，以便使哈尔滨市民逐步了解习惯南味点心。这期间，老鼎丰南味货栈主要经营南方各地的风味名产，如金华火腿、苏州肉松、南京板鸭、四川腊肉、福建桔饼、常州瓜条、松花皮蛋及烟、酒、糖、茶、罐头等，同时还自制一些南肠、小肚、熏鸡等食品。这样，早期老鼎丰有一大半业务是批发兼零售各种南方风味名产，自制糕点的比重很小，糕点厂似乎只是南味货栈的点缀。

20年代初，老鼎丰以独家经营的南味食品和制作精良的南味糕点引起了哈尔滨消费者的兴趣。王阿大、许欣庭二位经理在哈尔滨经营了十余年之后，也逐渐摸透了哈尔滨消费者的口味，有意识地生产一些颇受哈尔滨市民喜欢的品种。他们在自制点心供不应求的情况下，相机添置了一些生产设备，扩大了产量，增加了产品种类，并且改进了部分产品的生产工艺。此时，老鼎丰的前店后厂已经初具规模，工人有30多名，房子共160多平方米。在这段时间里，老鼎丰南味货栈经营的自产点心比重逐渐加大，已由过去主要经销南方风味特产变为主要经销自产南味点心了。

▷ 老鼎丰南货店

老鼎丰的点心一直以制作精良而著称，因为过去一直是小批量生产，点心出炉后直接摆上柜台，所以店里每每有排队等出炉点心的顾客。久而久之，这种现象竟成了老鼎丰点心的义务广告，为老鼎丰招来了众多的顾客。当时，老鼎丰的传统产品是各式月饼和槽子糕、长白糕、芙蓉糕。老鼎丰月饼款式新，种类多，大路货有什锦、山楂、枣泥、玫瑰等品种，高档的有成套礼品月饼、酥皮月饼、广式月饼等。老鼎丰的槽子糕不仅外形与众不同，口味上也高出同类产品一等。其他厂家的槽子糕都是梅花形的，老鼎丰的槽子糕一直是桃形的，而且一直采用鸡蛋自然起发，不使用臭碱，用香油刷面。虽然卖价比其他厂家高出几分钱，但是入口松软、香味四溢，顾客仍愿意多花几个钱买老鼎丰的槽子糕。在糕点打开销路赢得信誉之后，老鼎丰仍坚持精工细做的传统，并且不断地增加新的品种。在后来的经营中，老鼎丰增加的四季应时糕点春炸（油炸货）、夏凉（凉糕、绿豆糕）、秋饼（各式月饼）、冬糕（三糕）深受哈尔滨消费者的欢迎。自此，老鼎丰的点心在哈尔滨糕点业中已经很有名气了。

老鼎丰的糕点在原料方面用料讲究，货真价实，从不马虎，无论主料辅料都有固定的进货渠道。像果脯、桃仁、葡萄干等都是从产地直接进货，一些关键性的辅料如玫瑰酱、桂花糖、枣泥等坚持以自制为主。在加工过程中，老鼎丰严守精工细做的原则，一丝不苟。凡过油的一定要炸透，芝麻必须用清水漂洗下锅炒熟后方可食用，瓜仁、桃仁用小火烤熟后使用，一般小料要切刀均匀，这样就保证了老鼎丰糕点的特有风味。主料严格按规定标准投料，在烘烤上下功夫，这是老鼎丰又一特色。老鼎丰点心在面皮制作上非常讲究，素有"糖是骨头面是肉，油是血液其中流"之说。老鼎丰月饼久存不硬关键在于根据不同品种而适量放油，使月饼挺而不僵，口感舒适，风味绵长。在糕点制作的最后一道工序烘烤上，老鼎丰一直在同行业中保持优势，虽然以后改用了焖炉，却仍不失其优势。糕点业有句话叫"三分制作七分烤"，烘烤的技术如何，直接关系到产品的质、形、色、味，在长期实践中，老鼎丰的看炉师傅掌握了一整套烘烤各类点心的技法。因而，在最后这道工序上不仅没有给产品减色，而且恰到好处地烤出了各类点心应具有的色、味、形。

《老鼎丰食品厂》

❖ 吴洪涛：不拘泥于传统正阳楼

　　宣统元年（1909年），王孝庭到了哈尔滨，并遇到北京旧友宋文治（字焕臣），他比王孝庭早两年到哈尔滨，一个人以摆摊卖猪肉为生。王孝庭便住在宋家，帮宋文治卖肉。后来他们发现哈尔滨没有搞肉制品的，仅有几家屠户捎带煮点下水买卖，两人一商量，便想开一个酱肉铺。经过多处奔走，终于在道外傅家甸租得一栋门市楼房。店名是仿北京正阳楼起的，所以匾额"正阳楼"三个大字上面，还有"京都"两个小字。店内前屋是营业室，后屋是作坊；二楼是宿舍，还设有客厅和雅座。经过一番筹备，宣统二年三月初四，"京都正阳楼"正式开业了。宋文治为经理。1916年，王孝庭、宋文治买下北三道街街口路东一处楼房，正阳楼迁入新址。乔迁之后，清末秀才出身的老顾客徐鼎臣毛遂自荐为正阳楼题写了牌匾，金字黑底"正阳楼"，上边还有"京都"两个小字。横匾下又配挂"风干香肠""松仁小肚""五香熏鱼""虾籽火腿""炉肉丸子""青酱腊肉""熏鸡酱鸡""五香酱肉"四块小竖匾。从此正阳楼以其独特风味肉制品立足于哈尔滨食品行业。

　　宋文治、王孝庭创建正阳楼时，从产品到工艺，甚至服务方式都是仿照北京的传统。

　　在创业初期正阳楼的产品均以京式为主，有风干肠、风干小肚、风干酱鸡、风干口条、酱鸭、板鸭、酱鸡、熏鸡、腊肠、酱肉、丸子及熏酱的猪下水等品种。正阳楼肉制品的加工方式是手工操作，使用的一些普通工具均延仿北京的模式，像菜刀、仰脸刀、漏斗、笊篱、铁锅、熏屉等。

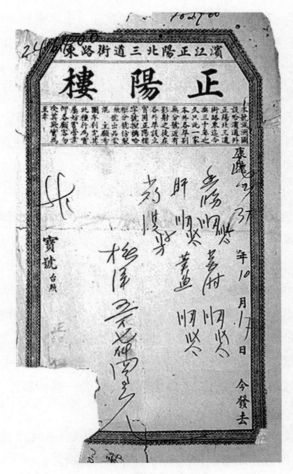

▷ 1937年正阳楼发票

正阳楼的肉制品虽然按着北京的传统风味生产，但京式风味又近乎于南味，有些产品试销，一度因不受北方人欢迎而停产。像"青酱腊肉"，当时是应滨江道尹李嘉鳌的提议而生产的，也曾受到南方人的欢迎，但大多数北方人不习此味，销售量很小。技师王孝庭等人针对这一情况，认识到产品必须改进，以适应大多数北方人的口味，否则就没有出路。他们对产品在调料、工艺等方面进行了改进，取得了收效。如出类拔萃的风干肠和松仁小肚就是经过改进而驰名的。风干肠原来类似南方的广肠，每根约15厘米左右，味甘且咸，肠体呈红色，肠质也是半干半湿。尤其配料中的中药"十落子""公丁香"的味道不受当地的欢迎。王孝庭就访问了一些老中医，求教新的佐料，结果找到了"紫蔻""砂仁"这两种开胃健脾的中药，既有益于人们的身体健康，又调剂了风干肠的味道。他们反复在用量上试验，征求主顾意见，又吸取了京、津、沪等地的加工技艺，不断修改配方，使风干肠形成了独特风味，深受人们欢迎。为了延长保管期限，便于携带，还增加了晾晒时间，使肠质达到干柔适当的程度。为便于生产，节省肠衣，区别于其他肠类起见，把肠的长度改为80厘米（后又改成60厘米长）。从此，正阳楼的风干肠在全国同类产品中创出了名牌。

松仁小肚也是正阳楼的特产，但它却是从风干小肚改进来的。王孝庭当年在北京福星斋学徒、在天宝楼当技工时，学过做风干小肚，他又依据当地人的口味对小肚进行了改进。根据风干小肚的制作原理，他又加入适量的绿豆淀粉和各种辅料，尤其是加入了东北的特产——松籽，边试验，边销售，边征求意见，边改进，最后研制成质地柔嫩，郁香爽口，营养丰富，独一无二的松仁小肚，成为人们喜欢的佳肴。

正阳楼还随季节的变化而增减品种，春秋凉爽，就多生产既受欢迎，又有较高经济效益的酱制品。炎热季节则多生产一些熏制品，适应了人们的口味。

由于正阳楼继承了北京肉制品传统风味，而又不拘泥于传统，"青出于蓝而胜于蓝"，所以正阳楼的产品赢得了哈尔滨的顾客。

正阳楼卖货讲究刀功，售出去的商品必须一刀一刀地切好，松仁小肚每片要两厘米厚，风干肠要不足一厘米。如果是烧鸡，那要全鸡切好后原形不变，仰卧式放在包装纸上。各类食品都要求包扎结实，还要留个绳扣做提手，完整地交给顾客，顾客食用时打开纸包扣在盘上，便是一盘款式规整的凉盘，无须再动刀了。食品贴均印有"京都"二字，以示正宗。有些"吃刀口"的顾客经常挑剔：什么片切得不薄了，摆得不规整了……这时店员必须虚心接受，不准与顾客辩驳，按要求重新操作。正阳楼迁址后，在营业室一进门处设有一个一米多高的售货切墩，一方面方便了顾客；另一方面也显示了正阳楼售货的独特方式。

▷　正阳大街

正阳楼在哈尔滨打出了京都风味的招牌，生产的又是高档食品，因此登上了大雅之堂，成为高级酒宴不可缺少的名菜佳肴，风行一时。许多达官显贵、商绅名流都慕名而来。当时吉林交涉局总办、滨江道尹李嘉鳌、黑龙江铁路办事处督办鲍贵卿等人都派人来此购买食品。连奉天的大帅府、少帅府、齐齐哈尔的吴（俊升）督军府也常派人来正阳楼购买各种食品。伪满洲国大臣，张景惠公馆在哈尔滨时，也经常来买货，张景惠当了伪国务大臣，公馆迁新京后，仍常派人来买货，正阳楼就把写信要货的信封插在门口墙壁上，上面印着伪国务院的醒目大字，一方面避免流氓地痞捣乱，另一方面显示正阳楼的威望。1941年前几年是正阳楼的鼎盛时期，端午、中秋两大节产品供不应求。营业时间也较长，从7点到晚11点左右，直到戏院散戏后才落幌。

《哈尔滨正阳楼》

❖ 佟继章：老仁义蒸饺

我祖籍是河北省河间，回族。1912年，伯祖父佟玉新在哈尔滨道外俗称"八杂市"的南六道街里的西顺街105号，买了四间倒闭的娼妓馆房，每间5米，打开间壁共计20米，伯父就用这20米房子开了回民饺子馆。

▷ 八杂市

半个多世纪以来，老仁义馆蒸饺盛名不衰，风味不变，其关键就在于严格的选料和高超的制作技术。我伯祖父选肉有一个标准和要求：购肉一定要选四至六岁口的小乳牛肉，而且选购部位也很讲究，只要肋条上脑、腰窝、尾根、前去一刀的脖头，哈拉巴、紫盖、腱子和牛油不要。由于多年实践，他有独特的选肉本领，一搭眼，就能看出哪块是乳牛肉，哪块是老牛肉，哪块是公牛肉，哪块是母牛肉，还能够根据气味辨别出是吃草的牛肉，还是吃饲料的牛肉，根据牛肉丝纹粗细，分辨出菜牛和役牛。因此，他选购的肉都合乎做饺子馅的标准。

包饺子的面粉，只要双合盛砂子面或成泰义的特优砂子面，这两种面成色好，白而透明，筋力大。包饺子用的菜，全部要本地山东菜，这种菜质软而甜。老仁义馆终年用的菜，全部购买道外太古六道街张桂林的优质山东白菜。主要调料香油，指定购买小磨香油，每天十斤。隔日油不要，要现磨出的。酱油专门要同兴南酱园的特制酱油。

炒牛肚原料，我伯祖父不因为只经营一种炒菜而马马虎虎，要求购买色白新鲜、壁厚肥大的牛肚。这种原料不许上市场去购买，因为市场保证不了质量。买牛肚专到四合永下水厂进货，每天平均百斤左右，最多不得超过150斤。由于四合永下水厂经理白子玉是回族人，与我伯父是至交好友，所以优质牛肚供应无误。

老仁义馆为了保证风味独特，货真价实，每天进料都是有限量的，不论牛肉和牛肚都是在百斤左右，卖完后就落幌闭店。我们有一套口诀："标准选料，过日扔掉，定额进肉，卖完拉倒，今日肉次，闭店停灶，优质保量，供好主道。"

老仁义馆牛肉蒸饺的和馅技术也不同一般，伯祖父既顺应季节时令，又严格按照配方的比例进行和馅。在春冬两季和饺馅时，把剁好的肉馅用净好的料水澥一下，使得肉更加软嫩，之后再对料，对菜和馅，因为这两季牛多吃饲料、豆饼等，牛肥，肉含水量少。夏秋两季和馅时，剁好的肉馅就不用水澥了，如果照样用水澥肉质就会被破坏，发澥发柴，和成馅就不会香了。因为这两季的牛多放牧在室外，天天吃鲜嫩的青草，肉的含水量大，如再用水澥就画蛇添足了。

老仁义馆的和面法也与众不同。面必须先用开水烫好，然后再掺干面搓，直搓到软硬适度。揪的饺剂子大小要一样，擀饺子皮厚薄要一样，而且要求快，饺边要捏好，不得露馅破肚。我伯祖父不仅自己严格遵守，而且要求伙计也很严格，和馅和面他都要亲自检查，凡是不合格的他都要亲自重做。他要求煞过的白菜能捏成团，放在手心用力一吹，菜团能散开，才算达到标准。有一次，我叔叔佟书琴把没有煞好的白菜和到肉馅里去了。当时被我伯祖父发现，很是恼火，当即把饺馅倒掉了。他一边重和馅一边对大家说:"不能靠哄弄人发家,你哄弄别人,别人就要哄弄你了!要货真价实,信誉要守,风味要保。"

　　老仁义馆的牛肉蒸饺上屉也有讲究,一般店家是摆几层屉蒸,我们就只蒸一屉,不许摆两屉,每屉按一定距离只装一百个饺子,多了不行,少了也不行。出屉时要双手拿饺边轻轻提动后,再一个个往盘中拣,整齐端正,趁热送给顾客。一屉出锅关键在于火候,老仁义馆讲究"三分制七分火",灶要三天一套,煤必须用抚顺块煤。

　　老仁义馆是以风味取胜,也以服务周到见长。老仁义馆的蒸饺不是蒸好了等客,而是客来了现做,一般都得等到5—10分钟,虽然这些顾客都是到"八杂市"来玩的,等着吃饺子总是腻味的。我伯祖父买了好多小报、小人书、趣味杂志等,顾客一来,问好吃啥后,就把茶水端上,把小报小人书送上供顾客选看,这样排除了顾客的烦劲。等要上蒸饺时,跑堂的把手巾把喷上香水,送给顾客擦脸擦手,然后把热腾腾的牛肉蒸饺端上。为了达到这个标准,伯祖父选了一位全能跑堂的。在我们老仁义馆时间最长的跑堂就是魏子贤了,他一人能顶十人,饭堂的一切事都由他一人完成。先把顾客迎进门,安排好座位,沏上茶,送上书报,算好账,然后唱着报给后屋灶上,再擦好桌面,摆好盘碗筷,热好酒,饺子出屉时,先送上手巾把,再端上饺子和酒菜。这个人能接待几十个客人,一次问清,一次结账,分文不差,又快又准,顾客相当满意。由于服务热情周到,顾客等几分钟也愿意,吃了还想来吃,回头客越来越多,老仁义馆的生意越来越好。"仁义"字号不是我伯祖父自己起的,开始时饺子馆只挂一个蓝幌,标明是清真,并没有什么字号。但是,在经营中广大顾客公认买卖公道、仁义、不掺假、不骗人。有一天,一位老者登门拜访我伯祖父,要为饺子馆起个字号,当时我伯祖父非常高兴,请他题,摆好笔墨,老人展开纸只写了两个字"仁义"。从此,我们馆就叫仁义馆。

《老仁义馆的牛肉蒸饺》

❖ 陈克政：不能错过宝盛东

宝盛东的圆笼鸳鸯蒸饺一问世，就风靡一时，同业瞩目，遐迩称道。市井流传："肚子里空不空，不能错过宝盛东。"意思是，即使肚子里不空饿，宝盛东的饺子是不能不吃的。

宝盛东以卖圆笼鸳鸯蒸饺为主。所谓"圆笼"，即以薄竹片弯成圆形，下有竹屉为底，又用有图案的金属片装成提手或装饰，小小的，圆圆的，俨然极其精巧的工艺品。不必说吃一口里面盛的饺子，单是这"圆笼"也让人赏心悦目，玩味不已了。所谓"鸳鸯"，就是用猪、牛两种肉为馅，包好的饺子每10只放在特制的竹笼圆屉之内，一层层，高高的摆在一起下锅。待厨房里"啪！啪！"一响，便是敲屉了，这是说饺子已经好了。如果要上二三十只，便有两三节圆屉摆在一起，热气腾腾地摆到桌面上来。趁热，以竹筷夹开蒸饺，先是窜出一股白气，顿觉异香扑鼻，开口一咬，满口鲜嫩松软，淡雅馨香。特制的饺子皮不黏不粘，筋性极强又不露白茬。饺馅也决不丝丝络络、牵牵连连；不是海味，不是肉香，浓而不烈，清而又淡；不腥不膻，芬芳细切，气味悠长。就像饮尽一壶上品茉莉之后，再由体腔深处泛出一股醇正的清香来——这就是宝盛东圆笼鸳鸯蒸饺所独有的特殊风味。

宝盛东圆笼鸳鸯蒸饺的创始人是张宝盛，河北省南皮县人。张宝盛少时家境贫寒，约于1930年由原籍来哈谋生。16岁左右就在小饭馆学手艺，曾与一起学徒的杜兆训结为知己。1931年，张、杜合伙于哈尔滨道外天一街元宝巷租定一间店面，开了个小馆——"卫生半菜馆"，以卖"回头"等小吃为主。后因元宝巷妓院全部北迁（迁至电车道以北），市井萧条而废止营业。1933年仍与杜兆训合伙，于正阳十三道街路北租定一所店堂（现宝盛东址），开饭庄松林阁，以卖原汤饺子为主。至1945年秋，杜抽股单干，松林阁由张宝盛独自经营，才改店号——宝盛东，以卖自己独创的圆笼鸳鸯蒸饺为主了。

▷ 正阳十三道街

　　当初，张宝盛经营"卫生半菜馆"时，以中下层人为主要接待对象。他认为，当时地处下等妓院包围之中，虽然也是车水马龙繁华闹市，但来此消遣的除极少数"名贵"寻鲜猎艳者外，大多数常客是中下层人，他们追求方便、实惠、新鲜、便宜；往往是东西不好不行，价格不低不行。张宝盛针对所处环境肮脏、混乱、污浊、鄙陋的实际状况，在经营上，首先讲究卫生，店内外干净利落，窗明几净，桌面、竹筷都见白茬，这在当时当地算是另辟的新天地了。他又把整盘的菜分成两小盘或几小份，别人卖整盘一元，他就卖五角或三角、两角，所以称"半菜"。他还把别人卖的圆形、只烙两面的"回头"改成方形，烙四面，只在操作工艺上一改进，就有别于其他饭馆了。人们难得花同样几个钱多吃几样东西，因此，"卫生菜馆"赢得了顾客，为远近所乐道。

　　松林阁一开业，张宝盛认识到地点不同了，正阳街上大买卖多，来往行人多，人们的追求也自有变化，仍卖"回头"就不相宜了，于是改卖饺子。但往西不远有老仁义馆的蒸饺，又有范记永的水饺，卖饺子的为数多。怎样才能把顾客招引来呢？张宝盛又同中求异——卖带汤的饺子，在汤上下功夫，在煮骨汤里放上海米、紫菜等，把饺子放在汤里煮，于是汤饺上市了。他们还卖冷盘、炝菜。往往花不多几个钱就可以吃菜、饮酒，又有热热乎乎的鲜汤水饺，其乐融融。

宝盛东圆笼鸳鸯蒸饺以它独树一帜的经营招揽诸多顾客，最盛时每天卖80斤肉馅。由于经营有方，风味独特，谭富英、言菊朋、白玉崑等名角来哈演戏时，就曾在宝盛东定包饭。哈尔滨的大名医——高仲山、韩百龄、马骥等皆为此门常客。喜彩芩、刘小楼、喜彩燕等著名演员也经常光顾。

《宝盛东》

❖ 项士斌：合发祥茶食店

1917年项殿一、项殿飚二兄弟在傅家甸东新街（道外南十六道街）244号开了一个小茶食店，取名"合发祥"。最初合发祥资金只有800元现大洋，固定资产和流动资金各半。经营的品种为烟、酒、糖、干鲜水果等类。由于地点好，加上哥俩的苦干，营业额直线上升，资金不久已升为两万多元现大洋。到1920年，项氏兄弟为适应市场需要，获大利，合发祥开始自产"槽子糕"。1931年，合发祥生产人员扩大到12人，不仅生产蛋糕，还能生产一些点心，特别是能大批生产中秋月饼。自此，合发祥前店后厂，自产自销的规模基本形成。1932年，项殿飚病故，合发祥由项殿一挑起。

合发祥经营生产食品讲求重义让利，不是见利忘义，弄虚作假。项氏兄弟的座右铭就是"买卖不成仁义在"。因此，合发祥不论生产、销售都以货真价实、信誉可靠而驰名哈尔滨。前店售货明码实价，秤星准确，以平秤为公。为了让顾客放心，买货前请顾客品尝购买的食品，如果满意，欢迎购买，如不满意，希望顾客购买其他食品，不管买与不买都一样对待，目的是为了合发祥的信誉。生产蛋糕用的牛奶、鸡蛋等原料，都有固定的人家给送来，可到了夏季，我们用不了那么多，但合发祥非常信守合同，讲信誉，宁可自己损失，照样收。对销售冰棍的小贩，销售不了的冰棍可以退，冰棍化了可以换。小贩都拼命为合发祥销售，从表面看合发祥让利不少，实际是薄利多销，获利很大，在同行业中占据首位。

　　合发祥从开店就保持店容店貌的清洁整齐，窗明柜净，食品陈列考究，既美观又新奇。把陈列食品的柜台作为窗口，向顾客展示，既宣传了商品，又吸引了顾客，便于顾客挑选商品。顾客一进店门，就给顾客一种清新、香美的感觉，增强顾客的食欲、购买欲，同时也给顾客以卫生、安全、舒服感。合发祥的陈列品除水果外，所有食品都在玻璃柜内陈列，还必须是当日产品，决不许放隔日货。因为所有陈列品都允许顾客品尝，一旦混入隔日货被顾客尝到，就要失掉信誉，所以很注意陈列品的新鲜。即便陈列外家产的罐头和水果也要保证新鲜。陈列品都请美工设计和摆布，注重新鲜色美奇特，更多地招揽顾客。

▷　民国哈尔滨杂食店

合发祥的学徒（年轻的）满徒必须三过硬：手把要过硬，即过秤要准，不能拿来添去，要一把成；包装要快、美、结实；扎瓶子要求二、四、六瓶捆得结实，拎得住。服务要过硬，要求站在门口的小年轻，必须笑脸迎客，请进门后，倒茶让座，帮助挑选商品，百问不烦，百问不厌，以礼待客。记忆力要过硬，顾客买多少东西，一次记清，一次算清，秤过数出，分文不差，还要记住老顾客，分析新顾客，达到顾客一进门就知道他要买什么，八九不离十。如果小年轻满徒时达不到这三过硬就得推迟一年，或者辞退，或到后厂当工人。因此，入店的小年轻个个都刻苦钻研、苦练基本功，白天到柜台学生意，晚上练基本功，在合发祥的小年轻差不多都能满徒。

合发祥从不盲目生产食品，购进食品都是根据季节、市场商情来生产和购进食品。每天由前店主任根据销售情况，将需要生产的品种数量列成单子送到后厂，以销定产。这样既不脱销，也不积压，始终保持食品新鲜。一般来说每年的阴历五月至七月十五主要生产冰糕和冰棍；八月至来年二月主要制作糕点。其中年节增加产量，三月进行整顿。这样循环往复，始终为生产旺季。进货是获利大的先进多进，获利小的少进后进，不获利的不进或必要时点缀一点。

合发祥的食品制作，为了保持货真价实，守信誉，生产要求是非常严格的。产品原料要精选，蛋糕所需要的原料，面粉必须购买双合盛二号砂子面，不用其他的面粉，就是停工，也不能以次代优。鸡蛋必须购进吉林德惠张家湾的，红皮个大，七个一斤，如果缺货也要停产。冰棍冰糕的选料也是如此，要严格遵守配方，不得随意增加或减少，不能改变配方。蛋糕的配方比例为100个鸡蛋（去蛋清），10斤白糖，12斤双合盛砂子面。在生产蛋糕时，先要把蛋黄取出，因蛋清有腥味，只用蛋黄按比例放入白糖、砂子面，用两个人拿棒子在缸中搅打，一直把蛋糊打得膨胀发热，再注入蛋糕槽中，放到烤炉烤制，出炉的产品要甜美、松软，蛋黄味浓，放在手心里，用力一攥再松开，蛋糕很快恢复原状。这样的蛋糕存放多日保证不霉不干，色味不变，因此合发祥的蛋糕驰名哈尔滨。光复后的合发祥冰棍可称全国之冠，原来的冰棍基本是硬邦邦的甜冰一块，自从我改革配方后，加鲜牛奶、鲜鸡蛋，合发祥的冰棍可谓软硬适度，蛋奶味浓郁，香甜可口，是消暑的佳品。

《合发祥茶食店》

❖ **李予**：回族风味永安号

提起"北来顺"，哈尔滨人都知道它是全市最大的回族风味饭店。但说到永安号餐馆，只有上了年纪的哈尔滨人才知道，它是驰名的北来顺饭店前身。永安号是三四十年代哈尔滨和东北三省有名的餐馆。虽说它是一个中型京鲁综合风味的餐馆，可社会名流、贤达贵人经常光临，品尝美味佳肴。解放初期东北局的领导也曾几次在永安号宴请贵宾，招待知名人士。

▷ 永安号所在的新城大街

据原永安号副经理菜墩师傅韩中镇回忆，永安号所以驰名全城，不仅因为经营涮羊肉，更重要的是它有独特的经营方法，概括起来说就是"应时小卖"。一说应时小卖，可能有些人不理解，实际永安号就是这样过来的。永安号名菜、大菜、传统菜都做，贵客盈门我们很愿意，因为能获大利；但更多的客人属中下层，我们只顾大利而忘了薄利就维持不了多久。因为不能和大馆比，所以我们创了新路子，摸透了人们的心，大利要抓，小利不放。

我们在营业室里砌个大炉子，上面坐个高丽锅煮粥，常年不断。春季小米粥，夏天大米粥，秋冬也这样。炉沿很宽，专为烤鱼，主要是"干烤鲫鱼"。这是永安号有名的小吃，一条三四两，大小差不多，味道鲜、香、脆，常年经营。春天做春饼，这是大众非常喜欢的，既好吃又有讲究，还应时。买一张、半张都服务得热情周到，非常方便顾客。还有配套的菜，主要是炒掐菜，掐菜就是绿豆芽掐去两头，留中间的白。如果您花了两角钱，坐下来饼、菜、粥都有，吃个好、吃个饱。如果忙着走，就买上几张饼，卷上掐菜，边走边吃，连菜带饭保准不误您的事。那时干事就得叫绝，做买卖有句老话："过筛子"，就是甭管买什么，您打我这过，就绝不让您买别人的，降人就要降到这个份上，紧挨着我们的新华楼就叫我们永安号顶的一个愣一个愣的。

夏天主食和菜就变了，各种面食上来了，有原汤面、炸酱面、肉炒面、凉拌面，还有凉糕、烧饼。烧饼还分油盐饼、糖酥饼、豆沙馅饼、肉馅饼等。菜有凉杂拌、香杂拌、杏仁豆腐、炮瓜皮、水晶肚等。八月节过后大白菜见面，就开始腌菜。主食开始增加米饭、饺子、馒头、包子等，包子还分肉包、油脂包、豆沙包、什锦包。这时，菜开始上什锦锅、氽白肉、烧羊肉、清炖羊肉、涮羊肉等。这些都是永安号的拿手菜，为了保证菜的质量，从选料到制作全是专人负责。选料由我负责，羊肉只要江北不要江南的，因为江北羊多吃草籽，肉质肥而无膻味，出料肉也多，都由固定户专门送货。

虽然应时供应，可也有个别顾客挑刺，知道挑刺也得周到服务。有一天，一位顾客不知是调皮还是考验我们，他吃饭不吃了，叫跑堂给送个糖馒头来，当时正好赶上是春季，食谱没有馒头，一个馒头又不好做，但跑堂还是应了："来一个糖馒头，对不起，请您稍等片刻。"结果后炊上跑到岳阳楼给买一个糖馒头，叫跑堂送给这位顾客。当时这个顾客看着送上的馒头就愣住了，嘴里一个劲地说，名不虚传，我服了，我服了，多给跑堂几角小柜。后来这位顾客成了我们的常客，活广告，还带来不少吃客。

永安号经营灵活、路子宽、来财道多，凡是能挣钱的道我们都抓住不放。比如打外会，送外卖项目干的就不错，盈利不小。

打外会，就是到顾客家和所需要的地方去做饭菜（主要是菜），开酒席。一般都是通过电话联系，当账房接到电话，由经理通知炊上，就是刘宏恩经理通知我。我安排墩上师傅切好菜，配好料，一盘盘准备好，然后按一套一套菜装入圆笼，派一名炊上师傅和一个杂工或学徒的去。客家需要量少，就装一个圆笼，两人一抬就去了，如果客家要大摆筵席，那么就需要几个或十几个圆笼摞起来用马车拉去。有一次我们永安号和宴宾楼、福泰楼一起到铁路局大石头房子打外会120桌，这项业务就给本号盈利不少。

送外卖，主要用提盒趁热送做好的饭菜。比如旅店客人、妓院嫖客、富贵人家祝寿等都要提盒。一来电话，很快就要送上，明码实价，货真价实，不能因送饭菜，就漫天要价，还得味美，色形好，服务周到。这些外差活，不仅盈利，还能起到广告的宣传作用。同时，也能提高本铺职工技术水平和服务质量。

《北来顺的前身——永安号》

❖ 吴洪涛：久负盛名的哈尔滨灌肠

哈尔滨灌肠工厂，创建于清光绪二十七年（1901年），它是哈尔滨著名的老字号，也是东北地区享有盛名的欧式肉制品厂。它生产的各种欧式灌肠、火腿、卷肉、烤奶猪、熏鱼等产品，工艺精湛，质量上乘，色形美观，味道纯正，早在20世纪初就已受到驻哈外国使节、在哈外侨和国内广大消费者的赞誉，现更是誉满全国、蜚声中外。

1896年6月3日，《中俄密约》签订后，帝俄获得在中国东北修筑铁路权。1897年中东铁路工程开工后，许多俄国人涌到哈尔滨的秦家岗建商店、工厂，修建住房，中东铁路领导机构也在这里大兴土木。1900年帝俄出兵侵占我国东北，大批帝俄军队驻进哈尔滨。由于铁路没有建成，军队给养供应不上，特别是肉食更为短缺。这一现象被从海参崴来哈寻觅发财机会的俄籍波兰人特洛穆义西耶尼科夫看准，认为是个发财时机。于是，他从海参崴招来十几名制作欧式肉食品的中国技师和工人，他认为中国人勤劳、忠诚、好管理，对自己发财有利；同时向中东路工程局申请在秦家岗上坡建一座带有门市的俄式板夹泥房，面积约有200平方米，并购置一些灌肠机器。1901年，以"前店后厂"的形式开始营业，取名为"戛斯特洛诺穆灌肠工厂"。

▷ 灌肠车间

　　开业后由于产品质量好，又是独家经营，当时产品供不应求，特别是军队需要量大，这个厂就昼夜加班生产来满足市场需要，一年就获利近10万卢布。另外由于秦家岗发展较快，铁路局办公大楼竣工，大批官员和技术人员搬迁到秦家岗。尼古拉教堂建成后，不仅神职人员居住此地，广大信徒也涌向这里，秋林公司也从香坊搬迁到这里，并建起营业大楼，秦家岗成了中东铁路的政治、经济中心。城市的繁荣给这个厂带来了巨大利润。俄国十月革命胜利后，世界帝国主义各国武装干涉苏俄革命，1918年哈尔滨成了协约国干涉军的转运站，许多干涉军驻扎哈尔滨等待开往苏俄。这一国际形势给这个厂带来好机遇，销售额直线上升，生产量逐日上升，促使这个厂迅速发展，获得更多更高的利润。到20年代，就在原地建起砖造二楼400平方米，店容店貌焕然一新，仍为前店后厂。前店为带酒柜的大商店，经营范围扩大一倍，除销售本厂生产的欧式肉制品外，还经营各种面包、世界名酒、香烟、饮料、罐头、乳制品、腌渍制品、各种副食及其他食杂商品等。厂店从业人员增加到40多人（工厂30多人，酒店10多人），同时建立了铺规。组织机构为特洛穆义西耶尼科夫任经理，账房任俄国人"巴戛斯"（会计）1人，工厂任"麻西"（领工）1人，又由海参崴用高薪聘请来高级灌肠技师傅书义（此人后来去绥化自己开设东亚灌肠工厂而辞职），接任的是海参崴同来的技师王宝运。商店大掌柜孙文山、二掌柜孙显廷。全厂除经理、会计外全部任用中国人，肉制品日产量也提高到1000多市斤。到了20年代以后，哈尔滨逐渐出现一批大大小小的灌肠厂、铺，这个厂为了提高竞争能力，始终保持欧式传统配方，保质保量保信誉，历经沧桑，经久不衰。

这个厂有了名气后，帝俄在哈尔滨的上层人物，中东铁路局局长霍尔瓦特、白俄临时政府的首脑人物等都派人常来厂购买各种欧式产品，就连帝俄财政大臣维特来哈尔滨视察中东铁路时所吃的肉制品，均由此厂供应。各种大型宴会都离不开这个厂的烤乳猪、馅鸡、馅鸭、馅鹅等产品。驻哈尔滨领事馆人员也是这里常客。从此这个厂不仅誉满哈尔滨，而且驰名国内外。

1940年，由于特洛穆义西耶尼科夫患脑膜炎不能工作，由大掌柜和二掌柜孙文山、孙显廷合伙加上几个技工入股，以伪币4万元把这个厂兑过来，由于戛斯特洛诺穆工厂牌子亮，信誉高，在接兑初期，为了利用其声誉没有更名，只把经理人改为孙文山。新采用一名中国账房先生，原有的俄侨巴戛斯留做帮账，原来使用的俄式大账本、大算盘、一切规章制度都没变，人员也全部留用。经理孙文山除负责整个企业经营管理外还兼管进货，跑屠宰场等业务。副经理孙显廷主抓前店后厂的销售和大酒柜的服务。王宝运技师仍为"麻西"。接兑后企业全部骨干都变成股东和有身份股的份子掌柜的，为自己干活，都非常守职尽责，兢兢业业，改变过去专为外国人服务的狭隘经营方向，面向中外顾客敞开服务，视顾客为"上帝"，也多生产受哈尔滨广大中国人欢迎的"力道斯""阿怀尼"等欧式香肠。销售批发也改变了以前只供应几家外国人开设的大酒店、大商店和部分白俄贵族家庭，不论中外酒家、商店商亭、食杂店、冷饮店、酒吧间、饭馆等零售网点，一律销售。货多送货到门，货少取送结合，扩大了销售面，增加了销售量，促进了生产，日产量上升到2000多斤，比过去增加一倍多。前店也敞开面向中、外顾客，零售额也上升，为企业增加了利润。

《久负盛名的哈尔滨灌肠厂》

❖ 孙玉九、孙继周等：俄式美味食品

30年代，"秋林"设有饮食部，不仅有独特经营方法，还有许多传统的美味食品，现在有些失传了，但更多是没有继承和发扬，我们讲讲我们知道的几种美食。

面包我们称"列巴"，它分有大小长圆及各形状，质地也不一，有白面包，有黑面包，有半白半黑面包，有夹馅面包，有果脯面包等类。面包随着时代发展，它也成了我们的主食和方便食品了。"秋林"的面包可不同一般，始终保持着传统风味。就拿小面包"拉斯克"说吧，不仅外形美，也非常好吃，它一共有三种形状，一种是菱形的，第二种是缠花的（俗称牛屎形），第三种是麻花形，这种面包蛋奶香味，甜口，它上面抹上鸡黄奶油，再上一层蛋清或豆油，使表面亮而红，非常好看。由于配方合理，奶油纯正，面包非常松软，是老少皆宜的美味食品。

黑面包不是我们现在看的添加可可的面包，而是用油麦面特制的长形面包，因为装入长槽中烤制，中国人俗称长槽子列巴。有人认为是穷人吃的，恰恰相反过去吃这种面包的人，大多数是上层讲究人，他们每餐都要切上几片，叫养身型食品。此种面包也非常好吃，有咬头。

昔日的小朋友，今日的中年人可能还在想着儿时的小列巴圈，大列巴圈吧！"秋林"的列巴圈可好吃了。

列巴圈有三种：一种如同算盘珠，香甜酥形，孩子们最喜欢，穿上一大串，套在小脖子上一个一个地揪着吃，相互比着吃。好玩极了，好吃极了。另一种是大列巴圈，直径有8厘米左右，和大拇指一般粗，带咸味，非常有咬头。外形也烤制的漂亮，外圈深桔红色，里圈渐渐发白。这是俄国人、中国人都喜欢的美食，有些俄国人把它当做早点，两个列巴圈，一杯奶，吃完后就上班。中国人另有吃法，西点中吃，把它烩了，加些作料，很有特色。还有一种，比第二种小点、细点，是香脆形，这是最受人们喜欢的。这种列巴圈吃起来非常酥脆，奶油味足，甜而不咸，百吃不厌，中外都喜欢。

三种列巴圈很好吃，可制作就费点劲了。虽说配料不怎么多，可制作时要一丝不苟。先发好面，然后杠力呛面，这是重体力劳动，如同中国杠头制法。呛压好面，醒上，醒好了再压，几个来回后，再一个一个地搓圈，搓好圈放入锅里煮，煮好后晾干摆盘，再放入炉中烤干翻个，再放入炉中用明火烤制即成。

"古斯斯拉克"是一种特殊风味的小型面包。黑红色，两头尖尖，黑面掺有上等葡萄干（多为白葡萄干），味道是酸甜口，奶香扑鼻，是面包类上品。

"秋林"在50年代前主要制作、经销西点，准确说，1953年我国接收秋林后，才请中点师傅来秋林制作中点。今天我们主要回顾几种名优西点。

苏合力是西点的干点类，不是面包干。它的品种有柠檬的、花生酱的、核桃仁的等。"秋林"的苏合力是用自己加工厂专门烤制的面包切成片作料，再加工烤制的干点。它的主要成分有精粉、纯正奶油、香草粉、白糖等。烤制出来的苏合力是枣红色的，带有奶油香味，酥而不硬，到嘴即化，是老少皆宜的美味食品。此品种好消化，不伤胃，又易保存，在哈尔滨销售近一个世纪而不衰。如今，需要我们保持传统做法、配料和烤制程序，使风味不变。它是外埠客人来哈购买赠送亲人和朋友的美味佳品。

杰克斯，现在人们称它花碗，它也是一种高档西点，如同中点的槽子糕。但杰克斯个大，配料不同，风味不同。杰克斯配料主要有蛋黄、奶油、精粉、豆蔻、香草粉、上等白兰地酒、白糖等。比如用五斤精粉，就要加十斤蛋黄、两斤奶油，再加入适当的豆蔻、香草粉、上等白兰地酒等。制作也比较费力，（按传统工艺制作）先把主料合在一起，然后把主料醒十分钟。看醒好后，再用力搅动，一般十分钟左右就可搅好，然后再醒，醒好后再搅。反复多次才达到要求，最后装模，摆盘进行烤制。工艺比较严格，不能减少配料，更不能减少工序，怕累是做不出好传统风味的杰克斯的。杰克斯质地松软，蛋奶香味很浓，真是香甜可口，老少皆宜。

古力斯是一种西式蛋糕，大小不一，高矮不等，外形是圆柱体蘑菇状。圆柱体近十厘米粗，不论高矮上端都有一个蘑菇帽，上面抹一层白糖面，深咖啡色的圆柱体，戴一顶小白帽，非常好看，再加上奶油香味，真叫人垂涎欲滴。此品高者一米多，矮者两寸余，它是欧洲人，特别是在哈尔滨的俄国人过圣诞节不可缺少的圣品，也是馈赠亲友的名贵西点。当时有钱的俄国人在圣诞节前到秋林定制两米多高的古力斯，在蘑菇顶上拿上各类小花和各种畜类，如小羊、小马等。有的还捆上一把花和几支嫩松枝，以示吉庆。古力斯美而甜香，可制作非常费力，不用说整个工艺，就做一次"人工打蛋"就把人累的够呛。它的配料主要以蛋为主，精粉占20%，蛋占80%，再加上果脯、香草粉、奶油、糖等。这个产品主要在节日销量最多。

"秋林"的水点类有十多种，驰名国内外，是西点的上品，还有夹馅类、半夹馅类等50余品类，就不一一再述。

"秋林"的糖果也有几十种，如名贵的酒糖，高级的奶糖，夹心的大虾酥糖等。我们记忆最深的有这么几种。

▷ 民国哈尔滨秋林俄文老糖纸

　　毛巴舍是一种低档的水果糖，没有糖纸包装，中国人称之为"杂瓣糖"。普普通通的糖我们为何赘述呢？问题就在于低档和风味上。这种糖果五颜六色，多种类型，有桔瓣、红樱桃、绿黄瓜、西瓜、蔬菜类等各式各样。由于配方好、果汁纯正，一个颜色一个味，一个形状一个味，而且长放不化，价钱又低，是普通人最喜欢的一种糖果。

　　金牛其克是一种软皮糖果，甜度不大，有浓浓的咖啡香味，放在嘴里不易化，有咬头。这种糖价钱较高，属高档糖果。当时俄国人到秋林买糖最多半斤，这可能是家中有客人，一般是买几块。买金牛其克，多数人是买一块，当时就放到嘴里嚼起来。

吉费勒是一种用糖和蛋清制作的软糖，形状是与蛋黄一般大小的圆球，也是五颜六色，但是白色和粉色居多。此品也是甜度低，吃在嘴里像棉花糖一样，软而甜香，是人们喜欢的一种软糖。还有一种是方形的，三层颜色三种味道，比上一种稍硬一些。

什锦糖是一种软糖，仿水果蔬菜形制作，有小黄瓜、茄子、西红柿、西瓜、苹果、香蕉、葡萄等形。此品外面包一层奶糖皮，里面装有馅，用纸一个一个托着，非常吸引人，属高档糖果。

"秋林"美味食品还有许多，如俄国式酸黄瓜，酸白菜；欧式肉制品；各种果酒类，特别是它的"黑豆蜜"名闻埠外。

《秋林独特经营和美味食品》

第七辑

市井百态，
流光里的百姓生活

❖ 黄耀春：傅家甸的变迁

傅家店的创始人是傅宝山、傅宝善兄弟，傅氏祖籍山东省德平县。清朝同治末年，由傅老太太带着傅宝山兄弟七人、姐妹三人，从山东省德平县来闯关东，先在辽宁省朝阳县住了一段时间，之后，来到呼兰县东荒李家洼子落户垦荒。兄弟姐妹10人勤劳耕种，糊口有余，就让最小的七弟傅宝善（1864—1937）上学读书。傅宝善念过几年私塾，后又学过中医，在乡里看病施医，小有名气。

当时的道外是一片草甸子，水草丰茂，时称"马家场甸子"，人们在这里捕鱼牧马。有一年，这一带流行瘟疫，傅宝善便来此行医治病，由于疗效较好，博得"傅神针"的美称。于是傅宝善便留下来在今道外南头道街1号（原天丰涌杂货铺址）盖房落户，开了一个小药铺。周围的农民、渔户有病纷纷来找"傅神针"看病。不久傅宝山也来此处开大车店，修车补套，卖饮食杂货，取名叫"傅家店"，这是1890年前后的事情。

人在旅途，总得有歇脚打尖的地方。远道来往的大车，车具破损，人畜害病，来到傅家店就能及时治疗和修复，不耽误路程。有的穷苦劳工，来到这里不用拿钱，先吃上几个大饼子，干活赚了钱再回来算账。串村走屯的货郎也在这里休息打尖，交换信息，谈古说今，说长道短。几年的时间，傅氏兄弟的买卖越做越红火。傅氏一家也从呼兰搬来此处定居，成为了这里的居民。兄弟姐妹从事各种行业，人多嘴杂，时间长了难免产生分歧和矛盾。不得已傅氏家族就决定兄弟分家单过，自己干自己的买卖。傅宝山负责管理大车店。

1904年左右，傅氏兄弟分家后，傅家店的生意就每况愈下，不得不停业。傅宝善用开药铺赚到的钱去经营皮货生意，以后又投资房地产，成了这一地区有名的房产主，除自有的几百间房子外，在道外埠成房产公司也是股份最多的一户。后来，傅宝善被土匪杀害于今道外十四道街的傅家大院，终年74岁。其余傅氏兄弟，眷恋乡土，分家之后，拿到成麻袋的"羌帖"，打算回到呼兰河畔种地务农。但是不久"羌帖"变为废纸，他们也成了穷光蛋，这当然是后话了。

▷ 初期傅家甸

在俄国人来哈尔滨修建中东铁路之前，有关文件中就已将这个未来的铁路枢纽总站命名为"松花江镇"。1898年，随着中东铁路的修建，哈尔滨这座城市开始兴起。同年10月，由西香坊开始向阿什河方向铺轨，同时在西香坊设置了火车站，称哈尔滨站。1899年10月，中东铁路开始向南铺轨（滨—旅线），同时在今哈尔滨车站行李房的位置，临时搭起了一座小房子，作为站长办公室及行车人员休息室，称为"松花江站"。1903年7月14日，中东铁路全线正式通车，同时改"松花江镇"为"哈尔滨市"，改"松花江站"为"哈尔滨站"，改香坊"哈尔滨站"为"老哈尔滨站"；并将这些地方统称为"哈尔滨市"，划为中东铁路的附属地，归俄国人统治。

傅家店没有被划入中东铁路的附属地，但傅家店作为中东铁路附属地的近邻，也随着中东铁路的修建而兴起了，并成了人们瞩目的地方。无数的中外商贾跑来做买卖，寻求发迹之道。大批穷苦百姓涌来干"老博代"，糊口谋生。很快在傅家甸周围形成华人劳工居住区，各色商业店铺应运而生。

▷ 1900年的傅家甸

1904年日俄战争期间，傅家店已显现出商业中心的迹象，特别是1905年《东三省事宜条约》中，规定要把哈尔滨辟为国际性商埠。这样，傅家店的设治问题就成为刻不容缓的事情。1905年10月31日，清政府批准在傅家店设立滨江关道；1907年，吉林将军达桂以哈尔滨附属地俄人屡向傅家店侵展，华洋杂处，交涉日繁，商民日众，无以为治，奏设厅治为由，设立"滨江厅同知"。同年末，滨江厅知事何厚琦以傅家店的"店"字含义狭小，遂改"傅家店"为"傅家甸"。从此，傅家甸就代替了傅家店成为行政区划的名称。1911年辛亥革命后，政体多变，辖治依旧。

1913年1月8日，奉大总统令，滨江厅改为滨江县。于是傅家甸发展更快了，商业繁兴，户口日稠，傅家甸一隅已不敷用。1916年4月，时任滨江厅知事的张曾榘禀准上峰，将傅家甸以东相邻的地方（旧时称为"四家子"）辟为新市场。这一地方共计68000余方丈，滨江厅将其作价出放，一时间，争买地基者颇多，县署收到出卖街基的款项多达20余万元。

▷ 荟芳里

　　傅家甸沸腾了，到处都在大兴土木。1917年夏，"滨江公园"（现靖宇公园）建成了。公园内绿树浓荫，姹紫嫣红，优美宁静。同时由十四道街至滨江公园的马路竣工，形成了由道外头道街一直到二十道街的通街，整个新市场的规划也已初具规模。翌年秋，阜成房产股份有限公司兴建的"荟芳里"落成，滨江劝业商场告竣，"大舞台"、饭店、游戏场也相继成立，几十家皮革、织布、织袜、染房等工商号陆续开业。后来，"滨安市场""华乐舞台""新世界饭店"又先后办了起来。几年的工夫，昔日的傅家甸已变成了楼阁连绵、商肆林立、车马络绎、行人塞途的闹市了。尤其是十六道街格外繁华热闹，奢靡喧嚣，小戏馆、说书馆、茶馆、酒馆充街溢巷，青楼妓院也遍布于此，成为当时哈尔滨市著名的"销金窟"和纸醉金迷的花花世界。当时曾流行着"新世界吃个饱，新江泉洗个澡，大舞台叫个好，荟芳里睡个倒"的民谣。这是对新中国成立前权贵商贾纸醉金迷、吃喝玩乐丑恶生活的真实描写。与此同时，滨江县公署、警察厅、地方审检厅、镇守使署等也移到了新市街（现为道外靖宇街），1918年还在滨江公园附近办起了"东华中学"。新市街成了傅家甸行政、司法、军事、文化教育的中心。

　　1929年5月建立滨江市，划傅家甸、四家子、圈河、太平桥为滨江市辖区。1932年日军侵占哈尔滨，翌年将滨江市、松浦市并入哈尔滨市，同时分设东、西傅家区。

▷　30年代傅家甸

　　1946年4月28日哈尔滨市解放后，也曾一度沿用过"傅家甸"的行政区名，并将东、西傅家区改为东、西、北傅家区，不久北傅家区撤销。1956年10月15日，经哈尔滨市人民政府决定，将傅家甸区改称为道外区。

《傅家甸的变迁》

❖ 郑长椿：哈尔滨南岗的由来

1898年6月，沙俄宣布中东铁路以哈尔滨为中心，全线正式开工。中东铁路工程局当即着手在哈尔滨建设"铁路附属地"。在中东铁路开工之前，据《哈尔滨考》考证，"哈尔滨"是女真语"阿勒锦"一词的译转，有名誉、荣誉、声名等含义。其建城纪元为1097年1月，迄今已有880多年。由清朝以来，哈尔滨属吉林省，归阿勒楚喀副部统管辖。乾隆五十三年（1788年），顾乡屯一带已有满、汉农民移居。嘉庆年间，随着"京旗移垦"和清政府封禁政策的解除，在哈尔滨平房、南岗、顾乡已建立了更多的旗民屯落。至1898年，在现在火车站、马家街、哈工大、花园邨等地均已形成村落，香坊一带已有200余户。

▷　1898年中东铁路工程局驻地

在现在的哈尔滨火车站第一站台原保留的大榆树附近，住有一户姓秦的农家，因此这一带叫做秦家岗。后来，由于秦家岗位于哈尔滨松花江南侧的山岗上，又习惯地称它为南岗，这就是哈尔滨南岗名称的来源。

当年，在南岗的高地有种植高粱、谷子的农田。花园街和北京街附近是一片繁茂的榆树林和几座坟墓。在现哈工大体育场附近的马家沟河边一带，仅有一户农家。现红军街与马家街附近有一部落称为马家沟，因有一条河沟通此，马家沟之名就由此而得。现在花园街铁路幼儿园门前，尚保留下来一株树龄130年以上的古榆树，它是哈尔滨南岗历史的见证。

那时候为了解决由香坊通向南岗、道里江沿都要绕行很远的困难，在马家沟河上架起一座木桥，后于1903年改建为石拱桥（现中山路马家沟河桥）。当时使用的交通工具，只有中国大马车和俄式的四轮马车。

中东铁路工程局以建设"铁路附属地"为名，强征豪夺南岗一带的土地，农民被迫迁走。故1898年秋南岗一带基本成为一片凄凉的空地。

1899年春，中东铁路工程局对哈尔滨南岗进行全面规划。首先考虑安排教堂、医院、铁路管理局的位置以及一些街道、墓地等的布置，基本确定秦家岗（南岗）为中东铁路管理局及其他行政、军事机关所在地。随着建设哈尔滨南岗规划的确定，中东铁路工程局大搞侵犯中国主权的"城市建设"，为所欲为，几乎将哈尔滨的主要地区全划入中东铁路"附属地"，占地约10394坰（124728亩）。擅自将这些土地划分为新市街（现南岗区的一部分）、哈尔滨码头区（现道里区的一部分）、老哈尔滨（现香坊区的一部分）、马家沟（现南岗区的一部分）、桥头村（现道外区八区）、兵团村（现西大桥以西及动物园一带）、卫成医院村（现王兆屯车站一带）、阿列克耶夫村（铁路印刷厂以南一带）。后来，随着中东铁路工程局建设"铁路附属地"的进展，又将上述几个区域归纳为香坊（老哈尔滨）、南岗（新市街）、道里（哈尔滨码头）三个区。哈尔滨南岗的建设是由1901年开始大兴土木全面铺开的。从此，哈尔滨南岗形成一个区出现于哈尔滨地图上，但未设行政机构，一切行政与城建工作全由中东铁路管理局民政部和后来的市自治公议会直接领导。

中东铁路工程局建设哈尔滨"铁路附属地"的重点是秦家岗（南岗），俄人称它为"诺威高尔特"，汉意为新市街。1902年6月6日，奉命镇守吉林等处地方将军长顺签署的《哈尔滨及郊区的中东铁路附属地图》，已确定大直街、车站街（红军街）、哈尔滨大街（中山路）、铁路街、满洲里街、松花江街、林荫大街（夹树街—民益街）、邮政街、花园街为秦家岗（南岗）的干道。

▷　早期中东铁路管理局大楼

建设秦家岗（南岗）基本是采用了俄罗斯的模式。最初城市规划者，运用了秦家岗（南岗）本身所具有的丘陵地势和北临湿洼地、南靠马家沟河这一天然地理条件，进行了沿河（沟）沿岗布置街道。如大直街是在丘陵上的一条主要马路，松花江街是从火车站前广场为起点的一条缓坡马路，现红军街、中山路则是一条由火车站前广场通向香坊的公路。

中东铁路工程局在哈尔滨南岗建设火车站的同时，于1900年首先建成哈尔滨铁路医院（现哈铁中心医院）。1904年，中东铁路管理局大楼与哈尔滨火车站的正式站舍同年建成。陆续竣工的有铁路旅馆（现铁路局招待所）、华俄道胜银行（现省民主建国会）、哈尔滨商务学校（现哈工大图书馆）、哈尔滨莫斯科商场（现省博物馆）、铁路俱乐部（现哈铁文化宫）等较大的建筑物。除此之外，还建筑了大量的铁路员工住宅。在花园街两侧各街道建筑了一些造型多样、美观大方庭园式的高级官员住宅；在林荫大街（现夹树街—民益街）两侧各街道则建筑了普通员工住宅群。基本形成了铁路"附属地"的核心。由于南岗修建了许多风格迥异的建筑和街道美丽的独特城市风貌，而博得了哈尔滨市"首善之区"的美誉。

1903年7月13日，整个中东铁路的修建宣布告成，翌年交付运营。哈尔滨南岗的建设初步规模亦随之形成。从此，哈尔滨南岗由村镇聚落点开始向近代化城市转化。截至十月革命前，哈尔滨南岗基本成为中东铁路"附属地"为核心的沙俄殖民城市的一个区。

《哈尔滨南岗的由来》

❖ 闫嘉树、陈克政：北市场旧忆

当年北市场一带的妓院之多，是不难想象的。什么大观园、温里香、平康里、"红胡子胡同"……都是廉价的人肉市场。在那一个个鸽笼似的小房间里，禁锢过多少被侮辱被伤害的灵魂，毁灭过多少无辜少女的青春！

当年北市场宝贵堂有个名叫张金艳的妓女，从三岁卖到"领家"张宝泰手里，16岁便开始接客，后来她打算跟一个要好的客人"从良"，张宝泰知道以后，便剥光了她的衣裳，让她跪在冰冷的地上，从夜里12点，直打到早晨4点钟。第二天她吞金自杀了，救活以后，"领家"更是变本加厉的虐待她，逼她接客。后来，她得了梅毒，张宝泰便胡乱弄来一些偏方野药硬给她吃。当她吃下了那些"药"，竟痛苦的满地翻滚，中毒身死，这年张金艳只有22岁。"18拐"有个叫双喜的妓女，十八岁时突然怀了身孕，"领家"高淑砚竟采用种种野蛮的办法给她打胎，把她折磨得死去活来，最后胎儿虽然硬给折腾下来了，双喜也含恨而亡了。有一年北市场失火，有两个妓女因为夜间"领家"在屋外下了锁而无法逃出，竟被活活烧死。像这样惨绝人寰的悲剧，时有发生。

▷ 平康里

　　妓院如此，暗娼的遭遇也是大致相同。一些"领家"逼着只有十几岁的暗娼接客，有的暗娼虽然重病缠身，每天也得照样梳妆打扮招揽顾客。直到实在病得起不来了，不是被"领家"撵出门外，就是破席一领，把人卷起来，有时人还没咽气，便拉出去埋掉了。

　　北市场的妓女过的是地狱般的生活。用她们自己的话来形容，就是"吃的是烟火饭，过的是鬼门关"。她们的"领家"都是流氓头子，旧社会的统治者们，有哪个不是那些流氓头子的靠山呢？伪满时期北市场的花会会长（妓院的大把头）韩熙娘的家中，天天"高朋"满座，警察特务川流不息，同韩熙娘称兄道弟。因此，那些陷于万劫不复境地的妓女，自然是有苦无处诉，有冤无处申，很少能够从罪恶的苦海中"超脱"出来。

　　当年的北市场，不仅是"窑区"，而且也是全市最大的"烟区"。那时，"鸦片零售所""麻药供应所"的招牌到处皆是。据有关资料记载，伪满后期，道外区光是有营业执照的"官烟馆"就有30多处，半明半暗的私烟馆有90多处，还有数目相当可观的"白面"、吗啡店。一些民族败类，也从毒品贩卖中捞取横财。1933年11月伪"哈尔滨鸦片零卖所公会"成立，其中一位副会长，就是臭名昭著的姚锡九，而长春街的姚锡九大院，正是烟馆云集的地方。日伪反动统治者通过大量推销毒品，腐蚀人们的意志，使人们甘作"顺民"，并且无休止地榨取他们的钱财，最后毁灭他们的身家性命。这种阴险毒辣杀人不见血的方法，真是令人发指！

那些烟馆为了推销毒品，经常施展出种种卑鄙的手段招徕顾客，比如免费供应糖水、奉赠水果，添设女招待，或是花钱雇人专门出去四处活动，拉客上门。有些人本来没有吸毒的嗜好，也被硬拖来"喷云吐雾"，久而久之，最后也变成了鸦片烟鬼，落得个倾家荡产。

▷ 有多种文字的卦摊

说起吗啡和"白面"就不能不提到北市场的一些小店。那些小店大都是吸毒者集中的地方。他们整天蹲在小店里或是互扎吗啡，或是围着一只点燃的小蜡头吸食"白面"。有的吗啡、"白面"客由于中毒过深，或身染重病，困在店中奄奄一息，这时，店主就随便把另一个吗啡"白面"客找来，说"这家伙不行了，晚上给我把他背出去，给你一包'白面'"。于是天黑以后，便把那要死的人弄出店去，扔在街上，并且扒光他身上的衣裳。有时寒冬腊月，不消半个小时，被拖出去的人便光溜溜地冻死在那里，有的生生被野狗扯得七零八碎。

"一进市场，半个生意"，这意思是说，在旧社会，像北市场这一类"杂八地"，不论什么生意，都有一半骗人的假东西。譬如当年富锦街上的"王麻子膏药店"，竟有十多家。他们都标榜自己是真的，极力宣传自己的膏药中有什么珍贵药材。还有北市场的那些卖刀伤药、大力丸的，医治花柳病的……都说是祖传秘方，具有"神效"，可是他们自己都知道，那不过是骗人的把戏而已。这种"半个生意"的买卖，在当时北市场，毕竟还算是"正派"的买卖，有些干脆是完全骗人的行当。

一种是算命爻卦的。这些人饱有社会经验，最善于察言观色，猜测人意。他们说出话来两头都是活的，随你怎么解释都可以。他们满口金木水火、子丑寅卯，动辄大谈《易经》，故弄玄虚，其实，那些鬼话，是他们自己都不肯相信的。他们抓住了人们的弱点，或是为人"细批流年"，或是给人"指点迷津"，欺骗了不少人，使这个行当得以存活下来。

另一种是那些设在北市场空隙地方的五花八门的赌摊和宝局。这种"黑生意"居然还有流派，譬如用六颗做了假的骰子"赶老羊"或押骰子宝的，是所谓"六地"。还有用三张扑克牌压黑红点，或用线绳"套白狼"的。有几个给赌摊作"捻子"的同伙，在旁边装模作样地做就了圈套，引人上钩。压钱的人输了，自然没事，赢了却不准拿走，否则便借个由头打闹起来，钱被抢光不算，还落个鼻青脸肿。江湖上管这种输打赢要的"黑生意"叫作"武地"；不用说，干这个的都是些"要人"的地痞流氓、无赖汉。早年的姚锡九也吃过这一行。

北市场当时有个叫徐子扬的赌棍，也是个老手。他口袋里常带暗器，当他骗不成、打不赢的时候，就掏出玻璃碴子来，在自己的脸上左划一道，右划一道地弄得鲜血淋漓，扭着人家去打官司，直到对方拿出钱来才算了事。这些"六地""武地"之所以敢这样胆大妄为是因为反动统治阶级有意豢养和纵容他们，通过他们攫取钱财。他们对于下至北市场伪派出所和四面八方来的军、警、宪、特，上至伪正阳警察署以至伪警察厅，都有经常的"敬奉"。他们的头子、坐地分赃的大流氓张德成、张润等人和官府更是亲密无间，不分彼此。因此，当时人们对于这些人也只有空叹奈何而已。

▷ 北市场

其实，北市场骗人的行当何止这些！为了骗取对方的钱财，他们是任何伤天害理的事情都干得出来的。

《北市场忆旧》

❖ 闫嘉树、陈克政：老艺人的辛酸泪

北市场是茶社和书场最集中的地方。专门卖茶的叫"清茶社"，接纳曲艺艺人说书演唱的叫"说书馆"。在新中国成立前，有魏家、于家、萧家、齐家等茶社十余处之多。那时的曲艺演员简直谈不到什么社会地位，在有钱有势的人们眼中，他们只是一种消闲解闷的玩物，是茶社老板谋取利润

的廉价商品。因此，一般艺人的生活也十分悲惨，有的艺人慨叹道："在旧社会，艺人三天不上地（演出），第四天就得卖衣裳！"艺人所遭受的，还不仅仅是贫困的煎熬，更厉害的是残暴的迫害。有钱有势的人，是根本不把艺人当人看待的。他们口口声声把艺人叫做"臭说书的"，常常无事生非，轻则打骂，重则踢场子、砸园子，甚至抓艺人去当劳工。艺人挨了打骂，受了委屈，还得托人求情，请客赔礼。

有钱有势的人为了显示他们的威风，总是"鸡蛋里挑骨头"，动不动就吹胡子瞪眼睛。有个老茶社服务员叫赵玉昆，那时叫做"照座的"，从1932年起便在北市场同乐茶社工作。他的拿手活儿，是每只手可以端六只盛满茶水的扣碗。尽管他对人十分和气，可是在那些有钱有势的人们跟前，还是动辄得咎。你笑脸相迎，他们骂"呲牙狗！见面总笑什么？"不笑吧！又骂"妈的，进坟丘子了，哭丧着脸！"真是"此亦一是非，彼亦一是非"，令人哭笑不得。新来的艺人，特别是女艺人第一次上台，"照座的"准挨揍，而且至少是两个嘴巴。头一个嘴巴打完问道，"认不认识我？"如果回答说"不认识"第二下便来了，说"这回让你认识认识！"如果回答"认识"，第二下打完了说"认识我还这么装！"这是给艺人看的。

那时每段书说完之后，当"票头"（管收钱）的得端着簸箕收钱，常常被一些闹事的人踢飞，劈头盖脸的一顿暴打。不仅如此，当时艺人演出的时候，有些有钱有势的人进来，还必须把书停住，向他们称"爷"问候，否则就叫"目中无人"。伪满时期，最凶的是伪"陆军教导队""第四宪兵团"和"江上军司令部"的一帮官兵。他们出入茶社，简直是凶神恶煞一般。有个叫李树范的伪"江上军司令部"的"卡长"，总是手里提着个鞭子。有一次相声艺人常福全失口犯忌，当场便遭到他一顿毒打。艺人杨文甫，是当年有名的西河大鼓演员，就是因为得罪了伪警察厅刑事特务朱三，1942年被抓到南满去当劳工，后来实在不堪虐待而碰车自杀了。在他死后，他的老伴也疯了，一个老老实实的艺人，无缘无故的落了个家破人亡的下场。

至于女艺人，那就更不幸了，她们随时都可能受到种种下流的侮辱。那些年轻的女艺人，常常收到伪宪兵队、警察署某某人的名片或一个条子，不是"请吃饭"，就是"请打牌"，不去得罪，去了往往被奸污。有一次，说西河大鼓的女艺人王瑞兰接到一个伪警尉的名片，说晚上请打牌，吓得她连夜逃走了。另一个西河大鼓演员刘翠霞被伪警察厅的搜查队长李兆丰看中了，硬逼着她和丈夫离了婚。伪道外正阳警察署的便衣特务王泽普曾屡次企图奸污大鼓演员张桂玉的女儿，那姑娘死也不从，后来竟被王泽普抓去严刑拷打，托了许多人说情才放出来。

《北市场忆旧》

❖ 刘静严：夺帽党与文丐

哈埠繁华，服装奢侈，就冠带言，冬季戴水獭皮帽者，触目皆是，其价值甚昂，即最廉者亦须二十余金，最昂者则须七八十金，于是冬季有所谓夺帽党者，专夺行人皮帽。其时间多在黄昏之后，以迄夜分，以乘车者易为彼辈所夺。如吾人乘车疾行，彼辈即用迅雷不及掩耳之手段，骤掀之而去，虽当时令车夫停止，然值吾人下车追踪之际，彼辈早已远飏矣。

此等事又习见于下等娼窟中，盖下等妓院多散漫于各处，院内道路狭窄，游人如蚁，于浏览群花心目专一之际，皮帽往往不翼而飞，即当时觉察，反身欲追，孰意早有数人拥塞于后，竟不得越雷池一步，失者只得任其扬扬而去。

曩于数年前，特区某机关高级职员某，因事乘马车赴道外，时当黄昏，行经正阳街，不意夺帽者不悉由何处突如其来，骤掀之而去，某职员当即返署。翌日，由该机关即电知道外警察厅，谓于昨夕在正阳街，失去水獭皮帽一顶，该街系属道外警察行政范围，希即饬属寻得，请差人于今夕送还。警察厅当即设法觅众夺帽党之住址，并限于昨夕夺得之帽，一律送交本厅。未几交到者，共六七顶，旋送往特区某机关，令失者自择。夫失帽者，为机关要人，竟得珠还合浦，设失者为普通平民，除自认晦气外，想别无他策也。不佞兹警告冬季戴水獭皮帽者，须时怀戒心，虽防备于先，又岂能预知彼辈之自何地于何时突出耶？

花花世界，无色不有，诡谲诈骗，光怪陆离，不意乞者犹具特殊本能，兹录出以博读者诸君之一笑。

哈埠乞者甚多，每日蹒跚街市间，触目尽是，但不悉彼辈得何人口授，往往满口文章，吐属不俗，如遇吾辈粗识文字之士，则不得不稍解悭囊，一为资助。就不佞所屡见者，有自背诵其历史，娓娓不断，且字字入耳。今述一二例，曰：吾本世家子，幼丧严慈，长遂业商，原籍某省某县，食者为珍馐美味，衣者为绸缎绫罗，住者为高楼大厦，每日出行，仆马甚盛，人世间之艳福，吾独享之已久矣。不意天不作美，祝融税驾，只使我片瓦无存，只身逃去。辗转千里，来兹滨江，原冀幸邀天佑，聊谋糊口之方，孰料命途多舛，人事无常，求亲无亲，求友无友，谋生无路，告贷无门，吁嗟呼！荣华富贵，转眼皆空，奈何奈何？公等均属仕宦长者，府均素封，恻隐之心，人皆有之。语曰：救人一命，胜造七级浮屠，微施小惠，拯我余生，但愿来生蜕变犬马，结草衔环，以报活命之恩等语。吾人骤闻之下，虽知其伪，但喜其脱口而出，预备有素，不得不稍破悭囊，掷以少许之钱款，可笑孰甚。

又有三数乞丐，常出没于荟芳里中，每值走马王孙，翩翩而来，则尾其后而诵曰："寻花问柳，本为文人快事，倚翠偎红，尤属名士风流。惜哉贫贱如某者，不可得其趣焉。诸公均属上等社会之人，金钱没腰，盍稍节缠头，一济涸鲋乎？"此数语虽生涩不及前者之流利，但仍稍有文味，究不悉传自何人也？

《滨江尘嚣录》

❖ 黄耀春：龙王庙与庙会

在哈尔滨市道外区北十九道街附近的景兴胡同内，有一座破旧的龙王庙。这座龙王庙占地400平方米，有正殿和西厢偏殿，正殿内主祀龙王。

提起这座龙王庙，还得从1932年的哈尔滨大水灾说起。1932年6月下旬至8月下旬，地处哈尔滨松花江上游的嫩江、第二松花江、拉林河流域同时降暴雨，三条江河的洪峰同时到达哈尔滨。哈尔滨市一带也是降雨不断，1932年7月10日的降雨量为113.5毫米。加之当时日伪当局腐败无能，长期对松花江堤坝的管理和维修不闻不问，致使堤基薄弱，由于滚滚江水的猛扑，江水不断渗入堤内，堤角及背坡渐渐发生裂隙，至8月7日拂晓5点30分，在道外北九道街有50米堤坝突然崩溃决口。

堤坝既溃，江水瞬息之间即漫及道外全区直至区内水面高程与江面高程相平时方止。于是，江堤相继被毁20余处，全区尽成浊流泽国。加之水位继续上涨，直至8月12日方止，此时水位高度为119.75米。松花江水漫及道外区、道里区，一时最深之处水深已达5米以上，最浅处也近1米。水势之急，可想而知。所以普通百姓家的一些旧房，在大水浸入之后，又经长时间的浸泡，致使房屋倒塌者不计其数。

水灾过后，一些商家和善良的人们为免除灾祸，求一帆风顺，就提议修建一座龙王庙，祭祀龙王。因为龙王庙中的龙王是传说中的一种神灵，能呼风唤雨，为水族之王，认为"龙为四渎之灵，与风、云电、雨、水、火、木、谷之神同列祀典"。经过一些热心人的努力，还有一些商铺热心捐资，一座占地400平方米的龙王庙在当年很快就建起来了。第二年的农历六月十三日是龙王祭祀之日，那时，埠内外善男信女都到此焚香叩拜，不仅对龙王敬重祭祀，祈求平安，不发水灾，而且还有一些人来此还愿求神。

特别是一些富贾商绅骑马或坐车也前来龙王庙显阔绰，还有经商卖艺者借此出售商品和献出拿手绝活。据说还有一些外国传教士也如蜂而至，进庙布道，信口开河，鼓吹上帝，麻痹人们，使这座新建的龙王庙成了一处远近闻名的地方。

▷　哈尔滨民国庙会

　　在中国几千年的封建社会里，人们祈求上天赐福，神灵保佑，出现了种种带有浓厚神秘色彩的活动，庙会就是这种活动最喧哗热闹的场合，也是那个时代重要的民俗文化活动之一。当年道外区的龙王庙会是旧时哈尔滨市的有名庙会之一。临近的几天，很多大商号都开始忙碌起来，搭席棚、选商品、择地点。特别是一些小商小贩们也都各自打着算盘，想要在庙会上发一笔小财。百姓们也都盼望着庙会，既能祈求平安，还能购买一些日常生活用品。所以，每当庙会这一天，龙王庙里香烟缭绕，赶庙会的人从四面八方涌来，有的手持香纸，有的身搭布包，有的牵驴赶羊。他们扶老携幼，熙熙攘攘，络绎不绝。随着人群的流动，龙王庙门前一带很快摆满货摊和布棚，犹如街头闹市一般。庙前的货摊多是卖吃喝的，许多人聚集到这里观看跑旱船、骑毛驴、踩高跷，购买手艺人做的香包、纸葫芦、虎头鞋等。每逢庙会，龙王庙前都是人头攒动、十分热闹。

《龙王庙》

❖ 张润清：双城丐帮

双城府乞丐处坐落于双城府西南隅的富翼长胡同里，伞屏红大门上悬挂着"双城府乞丐处"的金字立牌匾。院内中间有二门，里边有海青草正房五间，东西配房各二间，画栋雕梁，极为美观。外院有东西草厢房各五间，矮檐纸窗，一明两暗，对面火炕，这里是乞丐食宿的屋子。屋里乞丐满堂，秽垢弥漫，气味难闻。由于乞丐的衣衫褴褛，污秽不堪，人们都把乞丐处称为花子房。

▷ 民国双城街景

乞丐处的主脑人叫张祥，是旗籍人，他善于阿谀逢迎，所以双城府这个花子头儿（也称团头）就给他当上了。张祥住在院内的上房。由于他年岁高迈，资格又老，当地人不肯呼他为团头，都称他为"占爷"，间或有人开玩笑地叫他"处长"。乞丐处的团头儿有无上的权柄，凡归他统管的乞丐，都要遵守他的清规戒律。

团头儿有行使"杆儿"（长二尺的木杆，上黑下红，下边缚有半尺长的皮鞭子）的权威，他用这个"杆儿"管教所有的乞丐。这个"杆儿"就等于印把子，掌有印把子，就有了无上的权威。

团头儿有收养乞丐的义务，还负有对县府监狱犯人死尸掩埋、收殓野尸和埋葬被处决犯人尸体之责。每次收尸掩埋，都由商会照例发给棺材和埋葬费。

▷ 双城城门

凡乡民进城卖柴卖草，乞丐处从每车抽份一捆。双城府的四个城门，都有乞丐把守，持长钩向车上勾取柴草。每届秋、冬季节最多能收取柴草千余捆。此外，乞丐处每月编造乞丐花名册，到商会领取秫米，每人每月一斗。乞丐的吃烧仰仗农、商两界供应。乞丐的衣帽鞋袜等，每年从军警缴销的旧衣帽中拨用。其实，这些物资并不是完全用于乞丐的衣食住上，而被团头儿从中捞取很多。

老团头儿张祥于1914年死后，继任乞丐处团头儿的是关福吉，绰号叫关傻子，是张祥的义子。

关傻子在戏班子里跑过龙套，后来为戏班子到农村写会戏。

由于他受过张祥的衣钵真传，特别是他生就一副活泼而滑稽的相貌，在《法门寺》中饰过小太监贾桂，往《红鸾禧》中饰过"杆上的"金松，颇得县官和商会会长的欢心，从此就叫关福吉当了真的"拜杆"，充当乞丐处的团头儿了。

关福吉当团头儿的初期，给乞丐的待遇还比较好，后来就非常刻薄，稍有触犯，非打即骂，还让他们到街上去讨要。讨要来的残汤剩饭得先经副团头儿检查，如果在汤菜里有肉块或丸子，必须挑出来送给团头儿。每年由仓库拨来的旧衣帽，团头儿挑好的占归己有，破烂不堪的分给乞丐。

在隆冬季节时，花子房用的烧柴有限制，火炕总是冷冰冰的，花子们被冻得全身发抖，泻肚拉稀，个个没精打采，大有奄奄待毙的样子。1917年冬的一天，我亲眼看到乞丐处里冻死的乞丐尸体就有20多具，像垛"马蔺垛"一样跺在房后，次年春暖解冻时才掩埋到城外鬼王庙后的万人坑里。团头儿对活着的乞丐进行残酷的压榨，对死亡者也不放过，掩埋尸体时不仅把薄皮棺材板收回，连破烂不堪的衣服也全扒下来。因此，外来讨饭的花子宁愿蹲庙台，也不敢进花子房。

商会在开付花子的行乞上是不胜其烦的，规定旧历每月初二、十五两日为开付花子的日子。所以每逢初一、十五，团头儿就把乞丐处的花子放出来，让他们沿大街小巷去讨要，哀声载道，惨不忍闻。当时店户和居民都说："酆都城又打开，三千饿鬼跑出来了。"

每届旧历正月十五（元宵节，也叫灯节）是万民同欢的节日，照例要扮演"灯官"。扮演"灯官"是属于团头儿的事。团头儿在十四、十五、十六这三天三夜最活跃，他身穿海水江崖的袍套（清朝仪制），上罩翻毛皮褂子，头戴红缨帽亮白顶子，双眼花翎，帽下垂着一条假辫子，脚蹬朝靴，胸垂朝珠，手拿鹅翎羽扇，坐在四人抬的敞轿上。前有鸣锣开道，后边跟随扮演的四衙役，头戴红黑毡高帽，手拿大竹板，携带铁锁链，沿街高声"威武"地呐喊着。还有戴顶帽、骑高马、身背黄包印绶的列在轿前，举着伞盖的护于轿后，鼓乐喧天，热闹非常。敞轿上的"灯官"洋洋得意地大摇鹅翎羽扇，煞是"威风"。

在"灯官"秧歌中引人发笑的是"灯官娘子"，他面敷脂粉，头佩鲜花，身穿大红棉袄，脚着破靴鞋一双。另有一个小丑身背龟形大圆盖，手拿算盘，跟随"官娘子"屁股后转。每逢行近商店铺户门前时，坐在轿上的"灯官"指着他们二人向商店铺户求赏，名曰"算嫖账"，惹得柜伙大笑起来，得到"赏赐"就跑。

在灯节三天内，"灯官"的权限很大。商店铺户门上不挂灯时，"灯官"大声喊道"落轿"，就下轿走进店内对商户执行处罚。处罚是蜡烛数斤，或元宵几百枚。"灯官"在处罚商店时先歌颂道"进门先请安，叔叔大爷叫的甜，傻子拜年来讨压岁钱。"直到商店开出某果铺的存条付予后，"灯官"请安拜谢始去。我见过团头儿在灯节期内得到赏赐的东西，由同裕昌、义兴隆等果、蜡铺变作现金达千元之多。

在旧社会有财势的人，每逢婚丧嫁娶办事时，用乞丐处的"杆上"（鞭子）挂在大门两旁，可以避免花子拥到门前讨要不雅观，事完之后按天数计算，付与团头儿"弹压"报酬费。若同一天办婚丧事有数家时，团头儿得的赏赐就更可观了。尤其逢丧主作"点主"时，须用花子作执使，团头儿得赏赐就更多了。这个收入进入团头儿私囊，花子是没有份的。

《清末以来的双城府乞丐处》

❖ 关鹏书：阿城满族人的风俗

我是满族人。据我家的家谱记载，我家祖籍是京都镶黄旗雅尔赛佐领下的麻克图（满语即关氏）之族。先祖麻克图特苏于乾隆十一年（1746年）从顺天府宛平县迁至黑龙江阿勒楚喀城（阿城）海沟镶黄旗。到我祖父辈上，我们麻克图之族已繁衍成为一个大家族。因我家是族中长支，祖父兄弟五人都有文化，我祖父还做过旗中佐领，因而满族的传统习俗在我家世代严格恪守。族中的各种礼仪、祭祀活动也由我家主持。生长在这个家庭里，使我对满人的风俗知道许多。

▷ 阿城朝阳门

我们东北的满族人，有"坐地"满族和"随隆"满族之分。所谓"坐地"满族，是指世代都居住在东北的满族人；"随隆"满族是指乾隆十一年清王朝为开发边疆从北京一带迁至黑龙江的满族人。来阿城一带"跑马占荒"的满族人分为东、西、南、北四个八旗。东八旗为今料甸乡一带，西八旗为杨树乡一带，南八旗为今五常县拉林镇一带，北八旗为今新乡乡一带。在这些地区，至今尚有一些村屯沿用八旗之名。

满族人，历来就有重礼节，尊长辈的优良传统。满族人礼节多。早时，小辈对长辈，三天一小礼，五天一大礼，一天要三次问安，而且问候得很细，从"阿玛"（满语父亲）、"额娘"（满语母亲）一直到兄嫂等都要一一问候到。亲友见面后，无论何时何地，都要请安问好。

▷ 满族新娘

　　满族请安的姿势，男女不一样：男人行礼，侧哈腰，右手五指伸直并拢下伸，右腿弯曲，好像拾东西似的，俗称"打千儿"。女人行礼，双手扶膝下蹲道福，俗称"蹲安"。无论男女对很久没见面的长辈人都要行"三拜九叩首"礼。满族青年男女结婚的第二天一大早，也有很多礼节，新婚夫妻要比别人早起来，然后，拜祖先，拜父母，拜姑嫂和各位尊长。几房儿媳妇都主动给公婆装烟倒水，对待客人更不例外。对外来客人远接近送，客人吃饭时，媳妇站立门旁，精心地盛饭、端菜、续酒。对长辈人出门办事来来去去都有请安接送。媳妇回娘家，请示婆婆是否允许，并保证按期归还，走前归后，都为公婆装烟倒茶。

　　满族人的着装打扮，富有民族的独特风格。男人都穿长袍马褂，头顶帽头或带檐的礼帽（其中有用布或呢子做成的），青年人还爱好扎一条用红色或绿色绸布做成的腰带。夏季穿布做的圆口鞋，冬季穿用牛皮缝制的靰鞡，里边絮上靰鞡草或草甸上的野草，绑紧带子，非常暖和。有的穿"趟土牛"，是用鹿皮或狍子皮做成的；还有的穿"四不像"形状的靴子，和现在的皮靴相似，不同的仅是毛皮朝外。女人们好穿大旗袍。满族人自古以来没有裹脚的，女人平时在家多穿圆口鞋，出门都穿马蹄式的鞋，鞋跟安在贴近脚心处，也就是鞋底的正中位，走起路来很好看。胸前还佩带一个烟荷包，烟荷包是由上下两节做成的。上部是由独一色布做的，下部是用八种不同色的花布构成八个菱形的图案，用双线绳穿起来抽成折叠形状。烟荷包主要是给他人装烟准备的，给会吸烟的人装烟，以表对长者或亲友、邻里的尊重，为一种礼貌的表现。

女人们很注重发式。在家平时只梳一个"疙瘩髻"。外出或参加婚丧礼仪，可梳成三种发式：京头、大品头、架子头，由个人自选，没有统一规定。

满族人的饮食品种不仅多样而且别有风味。黏豆包和黄面饼，都是用大、小黄米或黏玉米糁子粉做的，以红小豆当馅。黏糕，是用大黄米面和红芸豆蒸制成的。甜饼子，是用小米面做的，形状像月饼，非常好吃。锅出溜，是用小米面掺进少许的豆面，经搅匀成粥状之后，将锅烧热，稍稍抹上豆油，往热锅里摊下去，类似煎饼，但不用"煎饼鏊子"，它厚于普通煎饼。散状，是用小米面和玉米面制作的一种食品。豆汁，这种独特的饮料，是用小米面和黄豆面加水发酵，然后，再用火烧开饮用。满族人基本上不吃大酱，喜欢吃"盘酱"，其做法较麻烦，先将黄豆煮得熟烂，用石磨粉碎，形成一种干状，加适量的盐，经过短时间的发酵，吃起来，既干又香。不过随着人类历史的演变，其中有几种食品的做法逐渐失传了，满族人常用的甜饼子和盘酱，至今也少见了。

满族人的请客、婚礼、年节、长者的生日，注重"做席"。做席的规格有"四四席""六六席"。四四席包括四个凉盘，四个炒，四个汤碗。"六六"席，包括六个凉盘，六个熘炒，六个汤碗。有"腰盘"（用大瓷盘盛上一只鸡或一条鱼），"腰盘"分为一道和两道两种。上腰盘的时间顺序为上完所有热菜之后，端上汤碗之前。高餐席面上，还有"全参"席，穿插在上热菜之中，专上一盘烧海参或别有名气的海味。

《满族人的风俗》

❖ 吴克尧：锡伯族的独特民俗

近年来，我常到双城等县，对锡伯族文物资料进行寻访，兹将耳闻目睹的"喜利妈妈"习俗，记述如下。

锡伯族，在全国只有八万多人口，然而，就是这个人口稀少的民族，曾有过家家户户供奉"喜利妈妈"的独特民俗。"喜利妈妈"汉译为"子孙妈妈"。"喜利"，系锡伯语"延续"之意。"妈妈"，系锡伯语"娘娘神"之意。"喜利妈妈"的完整意思为：在女祖宗的保护之下，子子孙孙才能不断地繁衍生息，一代一代传下去。

"喜利妈妈"在组成上是大同小异的，其组成物有索绳、树杈、弓箭、布条、嘎拉哈、摇篮、靶鞋、缨帽、明肠、铜钱、箭袋、扳指、水桶、木锨、犁铧。其中，弓箭、布条、嘎拉哈、摇篮最为常见。

这类物件，分别用小绳拴挂在一条索绳上，平时连同索绳卷成一个上小下大的梯形形状，外面用高丽纸包起来，挂在锡伯人住房西间的西北墙角上。每年旧历腊月三十，将包在"喜利妈妈"上的高丽纸撤掉，由家中男主人将索绳拉开，把索绳的一端连同树杈插进住屋的西北墙角上，把索绳的另一端连同树杈插进住屋的东南墙角上，供家族中人祭拜。祭拜时要烧香磕头，顶礼膜拜。

安插"喜利妈妈"一定要注意不能把索绳的初端和尾端在方向上混淆。初端必须安插在西北方向，尾端必须安插在东南方向。因为这里有祖先辈分的先后次序排列问题，弄错了是对祖先的大逆不敬。

索绳安插好后，拴挂的各种物件便按不同的时间顺序排列，表达各自的象征意义。

索绳。一般用九股丝绳从中间分开往两头搓，并要找儿女双全家中人口兴旺的两位老太太来做。索绳长度二丈左右，它是整个"喜利妈妈"的主体贯穿绳。

树杈。一个"喜利妈妈"上有两个树杈，形状很像儿童们玩的打麻雀用的弹弓叉。在索绳的两端各系上一个。树杈的下部呈尖形，容易钉入土墙内。用处主要是固定挂"喜利妈妈"的索绳两端。

弓箭。一般三寸大小，用木头或竹竿做成。弓上搭一支箭，是锡伯族男子使用的工具或武器。锡伯族在渔猎时代，狩猎的主要工具就是弓箭。猎手箭法娴熟的程度，直接关系到狩猎收获物的数量。因此，这个民族很重视学习和传授弓箭技术。每当幼儿出生，就用红丝绳扎小弓箭悬于门首，以示他将来要成为骑射能手。在索绳上悬挂一副弓箭，其意代表锡伯族的男儿。

布条。一般长约四寸左右，索绳上悬挂红、绿、蓝等各色，其意代表女孩。

嘎什哈。原名髀式骨，又名嘎拉哈。即羊或猪的膝盖骨。嘎什哈悬挂在索绳上，其意表示增加一代人的辈分。

摇篮。又称悠车，是摇婴儿安睡的用具。锡伯人每娶一个媳妇时，就在"喜利妈妈"的索绳上悬挂一个摇篮。空着的摇篮是预备装婴儿用的，在这里，其意在于让娶来的媳妇生男育女。

靴鞋。悬挂在"喜利妈妈"的索绳上，其意表示子孙满堂。

缨帽。悬挂在"喜利妈妈"的索绳上，其意表示升官晋禄。

明肠即晒干的羊肠。锡伯人使用的弓弦，常用羊肠制成。把明肠悬挂在"喜利妈妈"的索绳上，其意表示弓坚箭强。

铜钱。悬挂于"喜利妈妈"的索绳上，其意表示发财富裕。

箭筒是装箭用的，系于腰带之上。悬挂在"喜利妈妈"的索绳上，其意表示男儿长大以后能成为骑射能手。

扳指。射箭时戴在大拇指上，扳弓弦用的。在射箭时，拉弓弦的大拇指吃力最大，用以扳弦能护指。悬挂在"喜利妈妈"的索绳上，其意表示男儿长大之后，能拉坚弓硬弩。

水桶。悬挂在"喜利妈妈"的索绳上，其意表示风调雨顺。

木锨。悬挂在"喜利妈妈"的索绳上，其意表示增产丰收。

犁铧。悬挂在"喜利妈妈"的索绳上，其意表示农业盈收。

"喜利妈妈"供奉的时间，以每年旧历腊月三十开始，一直到来年旧历二月初二，再由家中男主人将"喜利妈妈"收拢在一起，用高丽纸包好成梯形供回原处。"喜利妈妈"的制作很有讲究。制作"喜利妈妈"所用的东西，要到本村人口多，辈数全的家户去找，并邀请家族中年纪最大、子孙满堂的人来制作。

如拉开"喜利妈妈"，一部形象的家谱立刻呈现在眼前。比如数一数两个嘎拉哈之间的小弓箭数目，即可知道这家这一辈的男子数。数一数彩布条，即可知道这家这一辈的女人数。数一数小摇篮，即可知道这家这一辈娶的儿媳妇数。

《锡伯族习俗二则》

第八辑

哈埠闻人录，
这些人那些事

❖ 孟希：萧红在哈二三事

30年代，我曾在哈闲居，常常找些书报来读。发现《国际协报》的副刊很大胆，竟敢用古文咒骂日本帝国主义和汉奸张景惠之流。自己平素也喜欢文学，一时兴来，写下一篇署名"南蛮子"的古文小稿寄去。不久，该报就刊登了。从此，结识了该报副刊裴馨园先生，以及经常在该报上发表小说的"三郎"（即萧军）、林郎等人。

1932年5、6月间，编辑部收到署名"悄吟"的小诗，笔触细腻，感情真挚，大家都认为一定出于一位女作者的手笔。不久，悄吟因欠东兴旅馆（今道外仁里派出所）的旅店费，有被卖入妓院的危险，便给老裴寄来了呼救信。他把信给我们看了，当读到"难道现今的世界还有卖人的吗？有！我就将要被卖掉……"大家气愤极了，老裴和大家一商量，决定我们四人去一次。走出编辑部，乘门前新城大街（今尚志大街）上的有轨电车，直奔道外十六道街。进入旅馆，向茶房问清了她的房间，便上二楼敲开了她的房门。那是一间阴暗的小屋子，除了床上的被褥，破旧书报、纸张之外，几乎可以说没有什么东西了。萧红穿着蓝色但已褪了色的大衫，赤着脚，白皙的脸上有一双可能因巨大刺激而失神凝滞的眼睛，我们四个陌生青年男子的突然出现，使她略显不安，裴馨园向她说"我们收到了你的信，深表同情，请放心，不会被卖"等安慰的话。十分钟后，便离开了她的房间。我、三郎、林郎都没有讲话。裴馨园又找到东兴顺的老板，出示记者证，向他说，我们是《国际协报》的，你们不得虐待二楼那位女子，要照常供给她伙食，她的一切费用，由我们负担。虽然老板十分不愿意听，但又不好表现出来，因为当时的买卖家是不敢得罪报馆的，唯恐报纸攻击，使买卖无法做下去。说完，我们便扬长而去。走出门来，我们相对哈哈大

▷ 萧红 30 年代照

笑，因为老裴的最后一句是鬼话，我们三个有时连自己还吃不上，老裴虽然富裕一些，但也根本无法负担萧红的生活。此时，哈尔滨还没有发大水，我记得十分清楚。

谁知天下的事情，有时竟是那样凑巧。当时，我住在道里西六道街路南靠近新城大街的一座房子的二楼，楼下是道里税务所，所长姓张。他的一位弟兄，从呼兰来他这里作客。每天晚饭后，我常和这位乡绅聊天，似乎还很谈得来。这天，从东兴顺回来，颇以为自己也参与了一件好事，便兴致勃勃地向他讲了起来。谁知他还没听上几句，便不辞而别，使我颇为不解。第二天问老裴，他想了想说："这人是那女子的父亲。你想想，张姓绅士，又是呼兰来的。"后来，一打听，那所长果然是张选三的弟兄。

后来，萧军常去萧红那里。他曾向我讲过，发大水中，他是怎样把萧红救出旅馆的。那是7、8月间，萧军在正阳大街西尽头（即今新闻电影院门前），和一个摆渡的商量，去十六道街救一个人，回来给五块钱。由于发大水，旅馆里自然也没人监视萧红了，很容易地就救出了萧红。可是当摆渡人伸手要钱时，萧军憨意地笑着说："我哪有五块钱啊？"那人气得动起手来，然而他哪是武术教师的对手呢？只得愤愤而去。

去哪里安身呢？萧军自然又想起了老裴。于是，二萧便暂住老裴家里。然而，裴大哥虽好，岂知裴大嫂不容啊？以后他们先后又搬到欧罗巴旅馆、商市街等地。这年秋天，我已从西六道街道里税务所楼上搬到药铺街住。一天晚上，二萧突然来我处，萧军憨直地问我："你吃饭了吗？"我说"吃了"。萧军喃喃地说："我和她还没有吃饭呢！"于是，我明白了他们的来意，赶紧拿出一张五元的票子给了他。因为这时我已在海关上班了，手里还能有几块钱，就尽量多给些，这是他们第一次求我，恐怕也是最后一次求我吧？看他们高兴地离去，我也十分高兴。此后，我再没见过萧军，也没见过萧红。

《萧红在哈二三事》

❖ 方未艾：比翼双飞在文坛

这年冬天，老裴在他编的《国际公园》上发表了一篇自己写的《鲍鱼之市》杂文，讽刺了市长鲍观澄，被提出抗议，只好离开《国际协报》，由陈稚虞暂任《国际公园》副刊编辑。不久，陈又到中东铁路工作，就介绍我接任了他的副刊编辑职务。这时，三郎和乃莹已经搬到道里商市街25号院内居住，当了这院主人的家庭教师。我去他们的住处看望，未曾想乃莹几个月未见，竟变成又黄又瘦精神萎靡的少妇了。

秋天，她曾在市立第一医院生一女孩，但没有能够抱回来。乃莹见到我，责怪我不去看她，不像从前那样关心她了。她说，和三郎在一起，有时也感到孤独和寂寞，没有什么人常到他们家来。院内所见妇女，不是太太、小姐，就是保姆、丫头，话说不来，处也处不来。只有同三郎到十二道街的"牵牛房"冯咏秋家里，才能会见一些有文化的人，说说心里话。那天，三郎没有在家，她要我陪她去道里公园散散心，我没有同意。因为那时我还有大伯子不好和兄弟媳妇说笑往来的思想。乃莹笑着说我："你还是个老封建。"我听了只笑了笑。我感到她的思想和看法还和从前一样，就告辞了。

1932年的冬天，我常去商市街25号看望三郎和乃莹。他们那时经济很困难，三郎当家庭教师，唯一的待遇是免费住在一间很小很暗的房子里。全靠三郎写作的稿费来维持两人最低的生活。关于这种生活，乃莹在以萧红笔名发表的《商市街》那篇小说里曾有具体的描写。

我记得最初几次去看望他们，几乎是三郎都在忙着写稿，乃莹在忙着抄稿。他们的写作，一方面是为着反映出当时黑暗社会的真实情景，激发人民爱国爱家乡，起来抗日，投入到斗争中去。另一方面，也是为了能够

▷ 萧红与萧军在商市街

得到一些微薄的稿费，以解决最低水平的吃穿问题。

三郎当时在哈尔滨文坛是颇有名气的，乃莹是他的最好助手。他们这时期共同的辛勤劳动，为两人未来的文学成就奠定了基础。由于三郎的鼓励，几个写作朋友的影响，报社编辑的索稿，乃莹也开始写作了。

新年前，《国际协报》搞"新年征文"，三郎让乃莹写一篇征文试一试。几个朋友都劝她写，乃莹就动笔了。记得有一次三郎见到我，把乃莹的稿子送到我手，题目就是《王阿嫂的死》，署名是悄吟。我看了，认为写得很真实，文笔流畅，感情充沛，决定发表。这样，张乃莹以悄吟笔名开始正式从事文笔生涯了！这年她才21岁。

《王阿嫂的死》在"新年征文"中发表，在哈尔滨文坛是篇有影响的作品。这激发了乃莹的创作热情，她不再只给三郎抄稿子了，一旦产生创作动机，就自己动笔写文章。这时期，她写的一些散文故事和短篇小说，很快用悄吟、田娣的笔名在几家报纸上刊载。这些大都是在东兴顺旅社给我绘声绘色讲过的事情。虽没有当时她"表演"得动人，但充满了诗情画意。这种写作特色，正是她后来在文坛上所显露出的超人天才的表现。

由于日本鬼子、汉奸、走狗在哈尔滨的横行霸道，人民的生活日益困苦，这对三郎和乃莹是场深刻的阶级教育。这一时期，他俩写的作品都是反映社会现实的，而且是十分真实的。一个是反法西斯斗争的勇士，一个是反封建斗争的战士，思想、感情日益溶合在一起。这阶段，乃莹受三郎的影响是最大的。

如果说张乃莹以萧红的笔名在鲁迅先生的帮助下出版的《生死场》一书，奠定了她在中国新文学史上的不朽地位，那么，在萧红未受到鲁迅先生亲切教诲和热心帮助之前，萧军就是萧红文学天才的第一个发现者，是萧红成名的第一节"人梯"！

当然，在哈尔滨时期，中共满洲省委的金伯阳也常去看望他们，并送去党的地下刊物——《满洲红旗》。中共地下党员金剑啸、罗烽和舒群（当时笔名黑人）等也同他们有密切的往来，革命的文学青年之间相互影响，这些客观因素也起着重要的作用，同样是不可忽视的。

▷　萧红用悄吟为笔名发表的作品

▷　萧红等人在哈尔滨的公园

萧红进入哈尔滨文坛，是以"悄吟"为笔名。我们以后见面就称呼她悄吟了。悄吟是富有感情的人，她后来发表的很多作品，包括她的成名作，都给人以情感人的力量。难怪鲁迅先生在她的《生死场》一书序中指出："这自然还不过是略图，叙事和写景胜于人物的描写"，"女性作者的细致的观察和越轨的笔致，又增加了不少明丽和新鲜。"茅盾同志在《论萧红的〈呼兰河传〉》中写道："……要点不在《呼兰河传》不像是一部严格意义的小说，而在于它'不像'之外，还有些别的东西：一些比'像'一部小说更'诱人'一些的东西。它是一篇叙事诗，一幅多彩的风土画，一串凄婉的歌谣。"

许广平同志对萧红的丰富感情也有独到的卓见。我是深刻领会的，萧军也是最理解的。她的这段话是"……萧红先生文章上表现得相当英武，而实际多少赋予女性的柔和，所以在处理一个问题时，也许感情胜过理智。"

我是很赞同这些人对悄吟的评说，事实正是如此。

萧红那时对三郎很爱，但也有所畏惧。三郎在她身边时，她无论对舒群，或是对我和其他一些男朋友，总是少言寡语。一旦三郎不在时，她就谈笑风生，对人对事议论得又幽默又有趣。为此，三郎曾在一篇杂文中，似乎怀疑我们朋友之间不仅在经济上有了不平等，还有了爱的纷争。这完全是他的神经过敏。后来，过了一阶段，他有些了解，再无这样的看法。我不去找他，他竟把他院主人的女儿、一个工业大学的女学生介绍给我做朋友。

那是在1933年的春天，我们几个人常在一起谈天、游园、划船。乃莹有一次带着讽刺味道，把这个女学生说成是"饥凤"，把我说成是"寒鸦"。那天，我们从太阳岛划船回来，我写了三首诗，记载这个经过：

松花江水日粼粼，不似今朝处处春。
画桨双飞波影里，妒杀多少荡舟人。
波语温柔暮色幽，归舟无力过滩头。
燕掠风吹人欲醉，万千心事付东流。

漫云"饥凤"傍"寒鸦"，结得同心胜自嗟。

怕是空遭风雨妒，只生枝节不开花。

我把这诗在报上发表后，乃莹认为我对她是一种诗意的报复。她一次见我说道："再不能同你开玩笑了，一句玩笑也成了诗的材料，真可谓'嬉笑怒骂皆文章'呵。"当时，我没有体会她话中的深意和对我的一些看法，直到看了她后来写的《商市街》，才知道她那时的心情。她对我的看法，也许是违心之论，遗憾的是现在竟无机会问她的真心实意，也无法自辩了。

《萧红在哈尔滨》

❖ 姚元翼：防疫先驱伍连德博士

伍连德（1879—1960），字星联，广东台山县人，1879年3月10日生于新加坡。幼年家贫，就学于免费学校，勤勉好学，成绩优异。1896年以奖学金留学英国剑桥大学伊曼纽学院学医，1899年毕业，再入伦敦大学，1902年获得理学士、医学士及文学博士学位，并由剑桥大学资助游学德、法等国三年，研究疟疾、破伤风等。1905年回英国，授予医学博士，任肺病医院院长。1907年归国后在马来半岛开业，不久再度赴英、德考察军事医学。1908年，就职天津陆军军医学堂任会办（副校长职）。

1910年肺鼠疫由西伯利亚传入我国满洲里，延及哈尔滨，死亡惨重。当时清政府尚无专设的防疫机构，而东三省为列强觊觎，沙俄、日本均以保护侨民为理由，要求独揽防疫大权。清政府电令东三省总督锡良组织防疫，派伍连德为全权总医官，率领学生到东北防治鼠疫。

伍连德不避危险，首当重任，亲自到鼠疫流行区调查研究，寻找病源，采取控制交通、隔离疫区等措施，严格按科学办事，受到政府的信任和支持，不到四个月扑灭了这场震惊世界的烈性传染病，清政府为表彰其功绩，特授予他陆军蓝领军衔，加赐进士出身。

▷　鼠疫防疫人员合影

▷　伍连德

1911年4月，在奉天（今沈阳）召开有中、英、美、德、法、奥、意、荷、日、印等11国参加的万国鼠疫研究会，研究有关事项24条，伍连德发表论文《蒙古鼠疫与瘟疫的关系之考察》，在会上介绍了防治鼠疫的经验，于鼠疫防治工作多有建树。

东北防疫期间，伍连德建议清政府设立防疫常设机构，北京设京师防疫事务局，哈尔滨设东三省防疫处，山海关、营口设检疫所，自此中国有了自办的检疫和防疫机构。

1911年伍连德任职东三省防疫处长期间，爆发辛亥革命，伍氏被任命为总统府侍从医官。但伍氏仍然继续锐意经营东三省防疫处，游说当局，奔走海关，筹集资金，充实设备，邀聘专家，使东三省防疫处成为颇具规模与实力的重要机构。主要技术人员多来自南方各地，并有德、奥、俄等国专家参加工作，在滨江、满洲里、齐齐哈尔、拉哈建立四所直辖医院，平时应诊，疫时防治。伍氏兼任滨江医院院长，医术卓越，闻名遐迩。1920年，鼠疫再度流行，有赖于上述防治体系和措施，使死亡率显著下降，疫情得以及时控制。

伍连德为中华医学会最早的发起人，1913年伍氏在北京组织了地方性的中华医学会，1915年全国性中华医学会在上海成立，伍氏担任秘书，1916年至1920年担任第二任中华医学会会长。

1924年，伍连德以洛克菲勒基金赴美国研究，获得公共卫生博士，又以对1911年到1926年间东北鼠疫流行的研究，获得日本东京大学医学博士学位。伍氏曾接受张作霖的委托，在沈阳设立东北医院。1926年，为培养医师的迫切需要，在东三省防疫处及所属滨江医院的人力与设备基础上，创办滨江医学专门学校，为我国东北最早自办的高等医学院校之一，伍氏为第一任校长。1927年改称哈尔滨医学专门学校。1927年，伍氏应国际联盟卫生部之邀视察各国，并作为中国代表出席国际联盟在印度召开的远东热带病学会。

伍连德先生是我国近代防疫工作的先驱者，杰出的社会活动家，他在东北防治鼠疫的工作及其创办的事业，在我国近代医学史上作出了重要贡

▷ 刘长春

献。他一生活动极为丰富多彩,曾发表《霍乱概论》《鼠疫概论》《论肺型鼠疫》等著作,并与医史学家王吉民合作,以英文出版《中国医史》,将我国传统医学的历史成就介绍到国外。

伍连德是一位具有爱国思想的医师,1915年日本帝国主义提出灭亡中国的"二十一条",激起全国人民的愤怒,哈尔滨工人张泰沉痛演讲,自己刺穿腹部,血书"誓死报国",伍氏深受感动,收容在滨江医院亲自治疗,使之很快康复。1925年哈市群众支援上海"五卅"惨案受难同胞义演,伍氏作为社会名流应邀登台演出,获得赞誉。北伐战争时期,伍氏拒绝蒋介石委为陆军医务部主任的邀请,继续从事防疫工作。1931年日本帝国主义强夺我东北,伍氏愤然出走,在沈阳被日军逮捕,经英国领事馆保释后南下赴京、沪。1937年退休,定居马来亚开设诊所。

《防疫工作的先驱》

❖ 子斌: 刘长春在哈尔滨

1932年曾代表中国首次参加奥运会的短跑名将刘长春,1928年起曾多次随东北大学田径队到哈尔滨进行暑期训练。除训练外,每周六都与在哈尔滨的白俄进行田径对抗赛。一次对抗赛中,刘长春参加了4×400米接力跑。他跑最后一棒,接棒时落后于白俄选手六七十米;刘长春紧追不舍,距离迅速缩短,超过了白俄。临近终点,刘长春全速冲刺,撞线时反而超出白俄选手十多米。白俄裁判看得目瞪口呆。这次对抗赛除铁饼和铅球外,其他所有项目的冠军都被东北大学夺得。中国观众与刘长春等人争相握手祝贺,他们从未这么痛快,从未享受过这种幸福和喜悦。

《刘长春在哈尔滨》

❖ 葛辛垦：商界泰斗武百祥

　　武百祥是20世纪20年代在我国东北涌现出的一位杰出的民族资本家、企业家，他以善于经商办企业驰名中外，被誉为"商界泰斗"。武原籍河北省乐亭县赵滩村，生于1880年，卒于1966年，享年86岁。

▷ 武百祥

　　武百祥自幼家境穷寒，13岁时就跟舅父闯关东谋生，开始在长春一家杂货店为店员。随着年龄增长，他的进取心日益强烈，于1901年辞退了店员工作，独自来到当时东北经济贸易繁华的城市哈尔滨艰苦创业。当时他只有两元"羌帖"（沙俄的纸币）的资本，白天"挑杆"卖些针头线脑；夜晚挎"落子"串旅店、妓院卖糖果、烟卷等。苦干两年后，赚了些钱，就与同乡赵善堂合伙开了个小杂货铺，取名叫"同济"。由于他善于经营，买卖日臻兴隆，后来入股者相继增多，商号改名为"同记"。到1921年，武百祥又开设了一处商店，取名"大罗新"。

1927年他在原"同记"旧址盖起了雄伟的"同记商场"百货大楼，并开设了"同记工厂"。1929年，他又盘进了"益丰源"商店，开设了"大同百货商店"。经过20多年的苦心经营，武百祥在哈尔滨市道外繁华的商业区开设了三处大型百货商店，形成了"三足鼎立"之势，控制了百货行业。

进入20年代以来，哈尔滨市曾以武百祥开设的"大罗新""同记商场""同记工厂"为起点，以他创办的"以商兼工"，产、供、销一条龙联营企业为标志，把哈尔滨市的民族工业推向一个新纪元。那时他的企业中拥有店员、工人2000余名，年获利润达上海规银32万多两。从而使他成为一位名震关外靠竞争而取胜的民族资本家、企业家。

武百祥在旧社会经商办企业之所以能够成功，主要是由于他善于审时度势，抓住机遇，敢想敢干。再就是他在经商实践中创造出了一套与众不同的生意经。他的经商之道，当时曾引起国内外同行的关注，并广泛学习运用。时至今日，仍有借鉴之处。

武百祥不仅是我国杰出的民族资本家、企业家，而且也是著名的开明进步人士。新中国成立前曾出资办学，捐款开矿，赞助革命。

《商界泰斗武百祥》

❖ **杨云程：**朴实大亨张廷阁

我住双合盛二十年来，一直得到张廷阁的重用和提拔，同时也一直在总账房与他共事。如果说过去对他的敬慕只是受外界传闻的影响，是一种盲目崇拜，那么我到双合盛之后，这种心情就是直接感受的，更加自觉的了。

张廷阁为人很正派，没有不良嗜好，他烟、酒都会，但平时很少抽烟喝酒，他自己也承认抽烟喝酒只是为了官场上的应酬。他好像没有什么个人爱好，不看戏，不看电影，有时看看旧小说，早起在院里散步，晚上听女儿弹钢琴。据我的观察，只有两件事能使他高兴，一是买卖做成了他高兴，一是看见工人卖力干活他高兴。记得制粉厂建厂施工时，张廷阁每天都要到工地走走。有一次，他站在搭起的跳板上看工人干活，一高兴从跳板上掉到地槽里摔伤了腰，也没说什么。我到双合盛后还听别人讲，有一年（民国十六年左右），双合盛买卯，各粮栈只卖不买，只有双合盛只买不卖，连倒了二卯，卯卯跌价，双合盛赔了一大笔钱。但交麦子时，各粮栈都收不上麦子，如果双合盛按卯要粮，哈尔滨就要倒闭三十家粮栈。这时，各粮栈都托人找张廷阁说情，商会也有人出头调解，张廷阁一挥手说："算了吧！麦子不要了"，最后粮栈退回了押金钱。这件事，当时在哈尔滨传为佳话，都说张廷阁通情达理，不赚坑人钱。

▷ 张廷阁

　　张廷阁为人很有正义感和民族感，他既是一个爱国的资本家，又是一个慈善家。民国十四年（1925年）上海发生"五卅惨案"时，他曾捐现款和面粉救济上海工人。民国二十年（1931年）马占山"江桥抗战"时，他也捐款和物资支援马占山抗日。民国三十五年（1946年）四月二十八日民主联军进驻哈尔滨时，他积极出资帮助人民军队制作军服，抗美援朝时还捐献飞机。但他从不以个人名义，总是以无名氏捐献。他也很乐于行善事，有一次，金少山来哈为灾民义演，张廷阁破天荒地去听了一回京剧。其实他主要是为了做善事，并不是真的听什么戏。他还担任过哈尔滨道外慈善会长、慈光会长。

张廷阁在当时虽然已经是拥有千万元的双合盛无限公司总经理，但他还一直保持创业时期的节俭习惯，在个人生活方面，有时甚至使人感到他是个吝啬鬼。在家庭生活方面他严格控制家庭成员的开销，从不奢侈，也不讲排场。他家里只雇了一名做饭的大师傅，没有佣人，家务活大都由张的妻子邹德馨干。粗活由一个双合盛的老家人干，这个人不是张廷阁家雇来的，他专门为张廷阁、杜清治、邹松山三位经理家干粗活，工资由双合盛出。有一段时间（张的妻子死后），张廷阁的三女儿张霭林操持家务，她花钱有些大手大脚，买奶油一次就买十斤。张廷阁看了很不高兴，后来他就自己上街去买奶油，一次只买半斤。在一些社交场合，张廷阁也依然不讲排场，有时使人感到与他的身份不相称。有一天，我和他去参加一次社交活动，进去后，侍员为他脱衣挂帽。这时，按惯例要付小费，别人出手就是五元、十元，张廷阁却只给了五角钱，我在后面看不过去，又偷偷地给了五元。据我所知，在这样的场合，张廷阁给钱很少有超过五角的。我们有时说他："像你这样的知名人物，又是全哈尔滨闻名的有钱人，几个小钱也计算，太失身份了吧。"他不以为然地说："钱也不是大风刮来的，花要花在正地方，我最看不惯死要面子，穷摆谱的人。"

张廷阁平时常对我说："你们是当头做领导的人，处处都要注意，只有自己行为端正，才能管好别人。不然人家就是表面上服从了，心里也不会服气的。"张廷阁在公司里规定，工人、职员不许在工作时间抽烟闲谈，晚间一律不许外出，除春节外不得饮酒、赌博、下馆子，绝对禁止嫖妓。我在双合盛二十年，一直没有学会抽烟喝酒，张廷阁对我的品行是很满意的。

《我所知道的双合盛与张廷阁》

❖ 张福山：遁园主人马忠骏

马忠骏（1870—1957），原名马德扬，字荩卿、无闷，又称遁园、遁庵。祖籍山东省蓬莱县，生于辽宁省海城县接官堡。清末，在盛京将军衙门做一名额外效力书记，从此步入仕途。不久，充任宁远盐厘局长。中东铁路修筑后，又充任交涉局委员。

▷ 晚年马忠骏

1900年，沙俄借镇压义和团运动之机，烧杀淫掠，无恶不作，社会一片混乱，人民惨遭蹂躏，盛京将军为稳定局面，提出同俄军和谈。这一差事，"虽悬赏千金，无人肯往"。危难之际，他虽职位卑微，却挺身而出，率一行人前往俄军占领下的旅顺。他在同俄军驻旅顺要塞司令、海军中将阿列克塞耶夫交涉过程中，将个人安危置之度外，不辱使命。由于他"沈审有意，略胆兼干，人且辨慧，不为人屈"，终于达成了俄军停止进攻、由中方维持地方秩序的协议。他的这一行动，不仅受到世人的赞誉，而且也"以使才名关外矣"。

1902年，他受命参与收编辽河一带巨匪冯德麟等，因办此案有功，盛京将军增祺保奏他"以知府仍分省补用"。1907年他"因办理交涉措置裕如，以道员留奉天补用。"1911年被委任吉林屯垦局局长，后改任官运局局长。1914年来到黑龙江省，任镇安右将军、督理黑龙江军务兼巡按使朱庆澜的顾问官。同年9月，任黑龙江铁路交涉局总办，驻哈尔滨。1921年，东省特别区市政管理局成立，他任该局副局长，不久任局长。1925年9月2日辞去东省特别区市政管理局局长之职。

其实，他"遁辞无闷"的思想由来已久。因此，从1914年到1925年卸职为止，用10余年时间，"于距哈尔滨八里之马家屯置地数百亩，自辟林园。蒔果菽蔬，为晚岁憩息之所策。"他称之为"遁园"，即哈尔滨人所周知的"马家花园"。他在马家花园里不仅栽花种树、修舍建亭，而且还仿岳飞墓而修筑一圆形冢，题为"生圹"。在遁园，他与当时著名文人墨客撰文、吟诗、作画，并将其编辑成册，名为《遁园杂俎》；中有文集两卷，共25篇，诗集10卷，共1174首。九一八事变后，日伪当局千方百计拉马忠骏入伙，遭到他的严词拒绝。日伪当局曾以"通匪"罪名将他逮捕，后由伪满要员张焕相、熙洽等保释，日伪乃勒索重金以赎身。

《马忠骏》

❖ 徐明勋：反帝义士安重根

1909年10月中旬，伊藤博文即将来海参崴的消息在海参崴传开了。安重根为了证实传说的可靠性，上街买了各种报纸。他在海参崴出版的朝鲜文《大东共报》和哈尔滨出版的汉文《远东报》上看到了两条消息。一条是说日本枢密院议长伊藤博文为了会晤俄国财政大臣，带15名随员，由下关乘"铁岭丸"轮船离开日本，取道海参崴前往哈尔滨，另一条是说俄国的财政大臣戈果甫佐夫为要考察远东即将来哈尔滨。综合分析，伊藤博文在近期内要来哈尔滨是肯定无疑的。

为了实现杀敌的目的，他决定去哈尔滨。安重根去找同志禹德淳，两人秘密共商枪杀伊藤博文之计，他们各携带手枪一支于10月21日上午8时50分起程了。为节约钱他们乘邮政车，买了海参崴到小里岭之间的三等车票。到了小里岭以后，又买了小里岭到绥芬河之间的二等车票，于晚9时25分到达了绥芬河，并安全地通过了海关的检查。因为安重根和禹德淳都不会俄语，在路上感到很多不便，决定到绥芬河后找一名俄语翻译。火车到绥芬河停车1小时9分钟，利用这个时间安重根去找在离火车站不远的地方开诊所的医师柳承烈（因为柳以前给安看过病，献过义金，是老相识），说去哈尔滨办事不懂俄语不便，想找一名翻译。正巧柳医师准备派19岁的儿子柳东夏去哈尔滨购买药品，就痛快地答应一同前往。于是安重根买了三张三等票，第二天晚9时15分终于到达了哈尔滨。

▷ 安重根

安重根一行三人到达哈尔滨以后，住在"韩国民会"会长金圣伯家。金圣伯是加入俄国国籍的人，住在道里列斯那亚街28号（今道里区地段街40号），因金圣伯的四弟同柳东夏的姐姐已订婚，是亲戚关系。柳向金说自己是父亲派来买药的，安重根曾在柳东夏家见过金圣伯，说自己是来哈尔滨接从朝鲜来的家属。金圣伯听后，欢迎他们留住自己家里。安重根第一次来哈尔滨，为了解市内状况，熟悉街道，第二天一大早就上街，顺便理了发，在中国人的商店买了一件西服上衣外套。当时的哈尔滨总人口才5万多人，居住在哈尔滨的120多名朝鲜人大部分居住在高丽街（今道里西八道街）附近，有一所朝鲜人办的小学校，名叫"东兴学校"。安重根抓紧时间结识了小学教员金衡在、卓公琼和洗衣店主曹道先等人，了解情况，探听消息。

安重根经各方了解探知，中东铁路总局将派专列去长春接伊藤博文来哈尔滨。他还从铁路报上看到伊藤博文将于25日离长春来哈尔滨的消息。安重根同禹德淳精密研究了行动方案，伊藤博文肯定是从长春乘火车来哈尔滨，长春火车站是日本人管辖，哈尔滨站是俄国人管辖，哈尔滨的警戒肯定比长春森严，因此举事最理想的地点应是长春，于是二人商定要前往长春。

要去长春路费不足，让柳东夏跟金圣伯说先借用50元，由于金没给钱，长春去不成了。这时柳东夏年纪小，提出要回家去，安重根又找曹道先商量，说要南下去接从朝鲜来的家属，不通俄语不便行动，请他同行一趟，曹道先答应了。长春去不成了，便选择了在火车中间错车的蔡家沟车站伺机行事。

24日，安重根、禹德淳、曹道先三人去了蔡家沟，下车后住进旅店，从车站员工中了解到当晚有一列从哈尔滨开往长春的特别列车，去接伊藤博文，于26日返回哈尔滨，当日早6时经过蔡家沟站。安重根认为早6时天还不能亮，伊藤博文不能下车，即使下车在黑暗中也辨别不出哪一个是伊藤博文，事情没有十分的把握。若错过这次机会，以后就很难实现目的了。于是让禹德淳和曹道先留在蔡家沟见机行事，安重根返回哈尔滨举事，这样事情的把握就大了。安重根当天乘车回到哈尔滨，仍去金圣伯家留宿。

10月26日晨，安重根早早起床，向天主祷告后换上一套黑色西服，并穿上外套，把黑色的八连发的布拉乌宁式手枪放进上衣的右边兜里，戴上运动帽，离开了金圣伯家。早7时左右来到哈尔滨火车站，进入路边右侧的一家茶馆里找个位置坐下，边喝茶边观察火车站的动静。趁俄国官兵正忙着迎接伊藤博文之时，安重根利用俄国人分辨不清日本人和朝鲜人，大摇大摆走到日本侨民中间进入了候车室，等待伊藤博文的到来。

▷　伊藤博文

上午9时许，火车徐徐进了车站，站台上排着欢迎的队伍，军队敬礼，军乐奏起，人群沸腾，欢呼声此起彼伏。这时安重根仇恨满胸，怒火万丈，心中在呐喊"世态如此不公平！强夺邻邦，残害人命者，如此欣跃，肆无忌惮，狂妄至极，杀无赦！"他牙咬的咯咯响，怒视前方，大步走入欢迎队伍中，站在俄军军官队伍后面。看到迎宾队伍折回，走在前面的是一个黄面白须老翁，后面陪同的是俄国官员和日本领事，在卫兵护拥下向这边走来。安重根认定这个白须小翁就是伊藤博文。他强制着迸发的仇恨，暗暗告诫自己只能成功，不能失败！他细致地察看了一下周围情况，认为从正面打枪前面有俄国军官挡着，于是等伊藤博文从他面前走过几步，安重根迅速掏出手枪，在距离近十步左右时，向伊藤博文连击三枪。怕打错他人，跑掉伊藤博文，安重根又向靠近白须小翁的日本绅士开了四枪。安重根不愧为好猎手，三枪三中，都打在伊藤博文的要害处：胸、肋、腹，伊藤博文当即毙命。枪声乍响，俄国宪兵抱头鼠窜，躲避枪弹，当看到站台上只有一个青年人站立不动，又蜂拥而上，死死地按住了他。安重根被捕了，当他确认伊藤博文已死在他的枪下，便昂起头，用英语高呼三声"大韩万岁！"

安重根打出的七枪，除了打中伊藤博文三枪外，一枪打中日本驻哈尔滨总领事川上俊彦的手，打成了残废；一枪打中伊藤博文的秘书森泰二郎的右腹部，子弹留在腹中；一枪打中南满铁道株式会社理事田中清次郎的右腿关节；最后一枪打中南满铁道株式会社的总裁中村，子弹串通大衣，留在裤腿上。

《安重根击毙伊藤博文》

第九辑

哈埠风采录，
文人眼中的哈尔滨

❖ 朱自清：西行通讯

我等 8 月 22 日由北平动身，24 日到哈尔滨。这至少是个有趣的地方，请听我说哈尔滨的印象。

这里分道里、道外、南岗、马家沟四部分。马家沟是新辟的市区，姑不论。南岗是住宅区，据说建筑别有风味；可惜我们去时，在没月亮的晚上。道外是中国式的市街，我们只走过十分钟。我所知的哈尔滨，是哈尔滨的道里，我们住的地方。

道里纯粹不是中国味儿。街上满眼是俄国人，走着的，坐着的；女人比哪儿似乎都要多些。据说道里俄国人也只十几万；中国人有三十几万，但俄国人大约喜欢出街，所以便觉满街都是了。你黄昏后在中国大街上走（或在南岗秋林洋行前面走），瞧那拥拥挤挤的热闹劲儿。上海大马路等处入夜也闹嚷嚷的，但乱七八糟地各有目的，这儿却几乎满是逛街的。

这种忙里闲的光景，别处是没有的。

这里的外国人不像上海的英美人在中国人之上，可是也并不如有些人所想，在中国人之下。中国人算是不让他们欺负了，他们又怎会让中国人欺负呢？中国人不特别尊重他们，却是真的。他们的流品很杂，开大洋行小买卖的固然多，驾着汽车沿街兜揽乘客的也不少，赤着脚爱淘气的顽童随处可见。这样倒能和中国人混在一起，没有什么隔阂了。也许因白俄们穷无所归，才得如此；但这现象比上海沈阳等中外杂居的地方使人舒服多了。在上海沈阳冷眼看着，是常要生气，常要担心的。

这里人大都会说俄国话，即使是卖扫帚的。他们又大都有些外国规矩，如应诺时的"哼哼"，及保持市街清洁之类。但他们并不矜持他们的俄国话和外国规矩，也没有卖弄的意思，只看做稀松平常，与别处的"二毛子"

大不一样。他们的外国化是生活自然的趋势，而不是奢侈的装饰，是"全民"的，不是少数"高等华人"的。一个生客到此，能领受着多少异域的风味而不感着窒息似的；与洋大人治下的上海，新贵族消夏地的青岛、北戴河，宛然是两个世界。

但这里虽有很高的文明，却没有文化可言。待一两个礼拜，甚至一个月，大致不会教你腻味，再多可就要看什么人了。这里没有一个像样的书店，中国书外国书都很稀罕；有些大洋行的窗户里虽放着几本俄文书，想来也只是给商人们消闲的小说罢。最离奇的是这里市招上的中文，如"你吉达""民娘九尔""阿立古闹如次"等译音，不知出于何人之手。也难怪，中等教育，还在幼稚时期的，已是这里的最高教育了！这样算不算梁漱溟先生所说的整个欧化呢？我想是不能算的。哈尔滨和哈尔滨的白俄一样，这样下去，终于是非驴非马的畸形而已。虽在感着多少新鲜的意味的旅客的我，到底不能不作如此想。

这里虽是欧化的都会，但闲的处所竟有甚于北平的。大商店上午9点开到12点，1点到3点休息；3点再开，5点便上门了。晚上呢，自然照例开电灯，让炫眼的窗饰点缀坦荡荡的街市。穿梭般的男女比白天多得多。俄国人，至少在哈尔滨的，像是与街有不解缘。在巴黎伦敦最热闹的路上，晚上逛街的似乎也只如此罢了。街两旁很多休息的长椅，并没有树荫遮着；许多俄国人就这么四无依傍地坐在那儿，有些竟是为了消遣来的。闲一些的街中间还有小花园，围以短短的栅栏，里面来回散步的不少。你从此定可以想到，一个广大的公园，在哈尔滨是绝少不了的。

这个现在叫做"特市公园"。大小仿佛北平的中山公园，但布置自然两样。里面有许多花坛，用各色的花拼成种种对称的图案；最有意思的是一处入口的两个草狮子。是蹲伏着的，满身碧油油的嫩草，比常见的狮子大些，神气自然极了。园内有小山，有曲水，有亭有桥；桥是外国式，以玲珑胜。水中可以划船，也还有些弯可转。这样便耐人寻味。又有茶座，电影场，电气马（上海大世界等处有）等。这里电影不分场，从某时至某时老是演着；当时颇以为奇，后来才知是外国办法。我们去的那天，正演

▷ 民国时期哈尔滨街景

▷ 民国哈尔滨餐厅招牌

▷ 民国哈尔滨公园的旋转木马

▷ 民国哈尔滨街头的汽车

《西游记》；不知别处会演些好片子否。这公园里也是晚上人多；据说俄国女人常爱成排地在园中走，排的长约等于路的阔，同时总好两排走着，想来倒也很好看。特市公园外，警察告诉我们还有些小园子，不知性质如何。

这里的路都用石块筑成。有人说石头路尘土少些；至于不用柏油，也许因为冬天太冷，柏油不经冻之故。总之，尘土少是真的，从北平到这儿，想着尘土要多些，哪知适得其反；在这儿街上走，从好些方面看，确是比北平舒服多了。因为路好，汽车也好。不止坐着平稳而已，又多！又贱！又快！满街是的，一扬手就来，和北平洋车一样。这儿洋车少而贵；几毛钱便可坐汽车，人多些便和洋车价相等。开车的俄国人居多，开得"棒"极了；拐弯，倒车，简直行所无事，还让你一点不担心。巴黎伦敦自然有高妙的车手，但车马填咽，显不出本领；街上的Taxi有时几乎像驴子似的。在这一点上，哈尔滨要强些。胡适之先生提倡"汽车文明"，这里我是第一次接触汽车文明了。上海汽车也许比这儿多，但太贵族了，没有多少意思。此地的马车也不少，也贱，和五年前南京的马车差不多，或者还要贱些。

这里还有一样便宜的东西，便是俄国菜。我们第一天在一天津馆吃面，以为便宜些；哪知第二天吃俄国午餐，竟比天津馆好而便宜得多。去年暑假在上海，有人请吃"俄国大菜"，似乎那时很流行，大约也因为价廉物美吧。俄国菜分量多，便于点菜分食；比吃别国菜自由些；且油重，合于我们的口味。我们在街上见俄国女人的胫肢肥的多，后来在西伯利亚各站所见也如此；我们常说，这怕是菜里的油太重了吧。

最后我要说松花江，道里道外都在江南，那边叫江北。江中有一太阳岛，夏天人很多，往往有带了一家人去整日在上面的。岛上最好的玩意自然是游泳，其次许就算划船。我不大喜欢这地方，因为毫不整洁，走着不舒服。我们去的已不是时候，想下水洗浴，因未带衣服而罢。岛上有一个临时照相人。我和一位徐君同去，我们坐在小船上让他照一个相。岸边穿着游泳衣的俄国妇人孩子共四五人，跳跳跑跑地硬挤到我们船边，有的浸在水里，有的爬在船上，一同照在那张相里。这种天真烂漫，倒也有些教人感着温暖的。走方照相人，哈尔滨甚多，中国别的大都市里，似未见过；

也是外国玩意儿。照得不会好，当时可取，足为纪念而已。从太阳岛划了小船上道外去。我是刚起手划船，在北平三海来过几回；最痛快是这回了。船夫管着方向，他的两桨老是伺候着我的。桨是洋式，长而匀称，支在小铁叉上，又稳，又灵活；桨片是薄薄的，弯弯的。江上又没有什么萍藻，显得宽畅之至。这样不吃力而得讨好，我们过了一个愉快的下午。第二天我们一伙儿便离开哈尔滨了。

《西行通讯》

❖ 胡适：漫游的感想

我离了北京，不上几天，到了哈尔滨。在此地我得了一个绝大的发现：我发现了东西文明的交界点。

哈尔滨本是俄国在远东侵略的一个重要中心。当初俄国人经营哈尔滨的时候，早就预备要把此地辟作一个二百万居民的大城，所以一切文明设备，应有尽有；几十年来，哈尔滨就成了北中国的上海。这是哈尔滨的租界，本地人叫做"道里"，现在租界收回，改为特别区。

租界的影响，在几十年中，使附近的一个村庄逐渐发展，也变成了一个繁盛的大城，这是"道外"。

"道里"现在收归中国管理了。但俄国人的势力还是很大的，向来租界时代的许多旧习惯至今还保存着。其中的一种遗风就是不准用人力车（东洋车）。"道外"的街道上都是人力车。一到了"道里"，只见电车与汽车，不见一部人力车。道外的东洋车可以拉到道里，但不准再拉客，只可拉空车回去。

我到了哈尔滨，看了道里与道外的区别，忍不住叹口气，自己想道：这不是东方文明与西方文明的交界点吗？东西洋文明的界线只是人力车文明与摩托车文明的界线——这是我的一大发现。

▷ 民国哈尔滨人力车

人力车又叫做东洋车，这真是确切不移。请看世界之上，人力车所至之地，北起哈尔滨，西至四川，南至南洋，东至日本，这不是东方文明的区域吗？

人力车代表的文明就是那用人作牛马的文明，摩托车代表的文明就是用人的心思才智制作出机械来代替人力的文明。把人作牛马看待，无论如何，够不上叫做精神文明。用人的智慧造作出机械来，减少人类的苦痛，便利人类的交通，增加人类的幸福。这种文明却含有不少的理想主义，含有不少的精神文明的可能性。

我们坐在人力车上，眼看那些圆颅方趾的同胞努起筋肉，弯着背脊梁，流着血汗，替我们做牛做马，施我们行远登高，为的是要挣几十个铜子去活命养家。我们当此时候，不能不感谢那发明蒸汽机的大圣人，不能不感谢那发明电力的大圣人，不能不祝福那制作汽船汽车的大圣人。感谢他们的心思才智节省了人类多少精力，减除了人类多少苦痛！你们嫌我用"圣人"一个词吗？孔夫子不说过吗？"制而用之谓之器。利用出入，民咸用之，谓之神。"孔老先生还嫌"圣"字不够，他简直要尊他们为"神"呢！

《漫游的感想》

❖ 萧红：春意挂上了树梢

三月花还没有开，人们嗅不到花香，只是马路上融化了积雪的泥泞干起来。天空打起朦胧的多有春意的云彩，暖风和轻纱一般浮动在街道上，院子里。春末了，关外的人们才知道春来。春是来了，街头的白杨树蹿着芽，拖马车的马冒着气，马车夫们的大毡靴也不见了，行人道上外国女人的脚又从长筒套鞋里显现出来。笑声，见面打招呼声，又复活在行人道上。商店为着快快地传播春天的感觉，橱窗里的花已经开了，草也绿了，那是布置着公园的夏景。我看得很凝神的时候，有人撞了我一下，是汪林，她也戴着那样小檐的帽子。

"天真暖啦！走路都有点热。"

看着她转过"商市街"，我们才来到另一家店铺，并不是买什么，只是看看，同时晒晒太阳。这样好的行人道，有树，也有椅子，坐在椅子上，把眼睛闭起，一切春的梦，春的谜，春的暖力……这一切把自己完全陷进去。听着，听着吧！春在歌唱……

"大爷，大奶奶……帮帮吧！……"这是什么歌呢，从背后来的？这不是春天的歌吧！

那个叫花子嘴里吃着个烂梨，一条腿和一只脚肿得把另一只显得好像不存在似的。

"我的腿冻坏啦！大爷，帮帮吧！唉唉……！"

有谁还记得冬天？阳光这样暖了！街树蹿着芽！

手风琴在隔道唱起来，这也不是春天的调，只要一看那个瞎人为着拉琴而挪歪的头，就觉得很残忍。瞎人他摸不到春天，他没有。坏了腿的人，他走不到春天，他有腿也等于无腿。

世界上这一些不幸的人，存在着也等于不存在，倒不如赶早把他们消灭掉，免得在春天他们会唱这样难听的歌。

汪林在院心吸着一支烟卷，她又换一套衣裳。那是淡绿色的，和树枝发出的芽一样的颜色。她腋下夹着一封信，看见我们，赶忙把信送进衣袋去。

"大概又是情书吧！"郎华随便说着玩笑话。

她跑进屋去了。香烟的烟缕在门外打了一下旋卷才消灭。

夜，春夜，中央大街充满了音乐的夜。流浪人的音乐，日本舞场的音乐，外国饭店的音乐……7点钟以后。中央大街的中段，在一条横口，那个很响的扩音机哇哇地叫起来，这歌声差不多响彻全街。若站在商店的玻璃窗前，会疑心是从玻璃发着震响。一条完全在风雪里寂寞的大街，今天第一次又号叫起来。

▷　民国哈尔滨街头卖艺的俄侨盲人乐师

▷　中央大街的夜晚

外国人！绅士样的，流氓样的，老婆子，少女们，跑了满街……有的连起人排来封闭住商店的窗子，但这只限于年轻人。也有的同唱机一样唱起来，但这也只限于年轻人。

这好像特有的年轻人的集会。他们和姑娘们一道说笑，和姑娘们连起排来走。中国人来混在这些卷发人中间，少得只有七分之一，或八分之一。但是汪林在其中，我们又遇到她。她和另一个也和她同样打扮漂亮的、白脸的女人同走……卷发的人用俄国话说她漂亮。她也用俄国话和他们笑了一阵。

中央大街的南端，人渐渐稀疏了。

墙根，转角，都发现着哀哭，老头子，孩子，母亲们……哀哭着的是永久被人间遗弃的人们！那边，还望得见那边快乐的人群。还听得见那边快乐的声音。

三月，花还没有，人们嗅不到花香。

夜的街，树枝上嫩绿的芽子看不见，是冬天吧？是秋天吧？但快乐的人们，不问四季总是快乐；哀哭的人们，不问四季也总是哀哭！

《春意挂上了树梢》

❖ 赵君豪：哈尔滨采风录

哈埠风俗，有可一记之价值者，即沿铁路一带为俄人所拓殖，故凡寓于吾人之目者，类有俄罗斯化之概。虽自民九以还，政权逐次收回，而生斯食斯聚族于斯之斯拉夫人种，依然触目皆是，故就耳闻目见，抽象记之如次。

道里之中国大街，为中俄商号精华荟萃之区，夕阳西下，绿女红男，并肩携手，蹀躞街头者，俄人而外，华人亦不少。其欧风之甚，远过上海，即凡商界华人见友，亦都脱帽握手也。

跳舞场、咖啡店、电影院，所在皆有。其故由于俄人办事，都从上午9时起，下午3时止，3时以后，即为休息时间，故有职务者，公毕返家，稍稍整备，及暮出游，不啻为其第二工作，故一般社会之娱乐，哈居者视他埠为多。而跳舞场有在地窖内者，神秘之状，不可思议。盖哈埠地北天寒，地平线下，更建精美之房屋，冬暖夏凉，入此室者，其乐无极。靡靡之音，缭绕耳鼓，灿烂之色，掩映眼帘，如是我说，一若地狱中别有天堂也者。

　　以言车辆，有电车、汽车、马车、斗子车、人力车、骡车等。营业汽车，沿途棋布，价亦廉贱。驾车者俄人为多，而马车则一马驾于辕之内，一马附其旁，此为俄国式者。斗子车即两轮马车，价较廉。骡车市中殊罕，人力车价贵于马车。

　　哈地市招，华俄文并列，华人商店亦时列俄文，立街道牌所书汉字，稚劣不堪，以数十年前俄人侵略时代所佣舌人，大都不谙中国文字故也。

　　各街人行道上，都置长木椅，以备休憩，椅背书商号名称，或并著营业目的，殆含有广告性。

　　沿途刷皮鞋之工人极多，凡出游而靴鞋沾污尘土者，可就坐而令其擦刷，黄白黑各色任意，藉此少为休息，可云两便，给资约一角或五分。若不谙俄文者欲游于中东路一带，殊为不便。以低级俄人不识英语，与谈普通华语，亦不能了了。

　　东铁车站壁角，供有神像，此为白俄时代之遗物，今之白党人，对之犹肃然起敬，而赤俄则漠视之，或且禁止之矣。

　　饭店中女招待员，不乏白俄贵胄名媛，温其如玉，举止端详，迥非沪地女招待可比。盖赤俄革命后，贵者失职，生活艰难，不得已而为此，良可慨已！

　　钱法向用卢布，近则日币与国币并用，但铜圆则不多见。大都以五分、一角为最小币，此可见哈埠生活程度之高矣。总之，哈埠路界内（现为东省特别区）为俄人所侵略而经营，故其欧化殊甚，说者谓苟游中东路，俄国之风俗，思过半矣。

　　哈埠之建筑最坚固，墙垣厚必二尺，以冬季冰冻，须冻达一尺有半，

▷　哈尔滨街头

▷　哈尔滨街头的俄式马车

▷　哈尔滨街头公园

春暖化消，便须坍倒，故市董事会（现改为市政局）审核图样，极为严格。其房在道里及秦家岗者，西式为最。华式房屋，道外为夥。又黄色墙垣者为铁路局之房产，另自编号，一望而可以识别也。临街之门，大都于大门之一扇上，辟一小门，寻常出入，即在此小门中俯首伛偻而走，盖为北地多匪，藉作万一防耳。居户门牌，亦蓝地白字之珐琅制，为董事会总管理处所钉者。从一方进至极点，复转而返，与他处之分左右而双单者不同。

公园有三：一在道里，名董事会花园；一在秦家岗，名铁路局花园；一在道外，名滨江花园。此外十二道街等，亦有花园。盖俄人之计划，在较阔之路中，划一长条，植树置椅，形成一小小花园者，所在皆是。

饮料取自松花江，或自流井，无自来水，其公共自流井之出水，用电气汲取者，水源殊纯洁。

闻之哈埠寒冬，冰天雪窖，最为可观，玉宇琼楼，粉妆玉琢。松花江则冰厚二三尺，坦平大道，车犁疾走如飞，任何重量，载行其上，无破裂者。惜吾辈此行非时，未能目睹，一憾事也。至贫乏者，不跣足，街头小贩，大都长衣，要为环境使然。

华式房内，有炕床，可燃烧取暖。西式房屋，均筑火炉，俗称"壁里气"，其建筑在两室之隔墙中，一入冬令，用木柴燃其中，使全室温暖。此炉燃烧一次，约须大木一根，故北地燃料，为生活费中一要件。我南中所谓衣食住，而哈埠须衣食住烧，凡住铁路局之房屋者（俗称官房），例有燃烧之柴供给，故占得官房者，不独可以省房租，且可以省燃料，不然，哈尔滨之居，亦复大不易也。

华人之居是者，直鲁籍为多，哈总商会会员，俱山东人，江浙人亦不少，而浦东之女西式成衣工人，可七八百，近因俄侨他徙，此业亦渐衰退矣。

人行道，例归各户自制，故有木板者，有水泥者，形式不一，近则渐谋统一之矣。道里之电话为自动机，殊灵便，远胜沪上，而道外则旧式摇机也。

要之，哈埠风尚，西则俄化，中则直鲁化，其详更仆不能数，右举诸端，亦可得其崖略也。

《哈尔滨采风录》

❖ 刘静严：滨江的街市

凡未莅哈尔滨者，往往相传哈尔滨有十八趟大街，又有谓为三十六趟者，众口纷纭，莫衷一是。究竟所谓之十八，或三十六，其街何名？位于何处？则茫然不知。兹将哈埠各重要街市之名称，及其建筑之概况等略陈之。

以哈尔滨全埠论，各区中比较建筑宏壮，市街整齐者，当推埠头区与秦家岗。若以繁华浮嚣论，则傅家甸、四家子尚焉。以哈埠全部街市中之著名者论，当以道里之中央大街，道外之正阳大街为最。二街为全埠菁华荟萃之地，犹沪江之南京路，北平之正阳门大街焉。车马络绎，行人塞途，哈埠之盛，叹观止矣。

秦家岗之街市，亦颇壮丽，但以肃雅称，而傅家甸、四家子，则以奢靡喧嚣胜，所称花花世界者，此之谓也。至其余各区，除八站外，殆无甚可观。

埠头区最著名之街市，南北平行者，有炮队大街、中央大街、新城大街、水道大街、地段大街、买卖大街等，均楼宇宏壮，商店栉比，建筑坚固，街道整洁。盖斯区多为当时俄人所筑，是以街市楼宇，均有西洋之风。

至傅家甸、四家子之建筑物，则华而不实，虽楼宇连亘，光彩夺目，终不脱中国之固有式。主要街市，为东西之正阳大街，与正阳大街平行者，有南勋、太古等街。至南北纵街，则以数目称，自正阳街西端之南北第一街起，依次向东平行者，顺序称之，以次二道街、三道街，迄四家子东尽处之滨江公园止，共二十道街，均南北平行，与正阳大街成直角，俗谓哈尔滨道外之二十趟大街是也。

秦家岗之街市，均无正向，其横列者，皆成东北、西南方向，与东西

▷ 霁虹桥

正向，约成 45° 之角。著名者，有花园街、大直街、邮政街、长官公署街、松花江街等，喇嘛台为其中枢。向南有长十余里之大马路，经过马家沟，直达香房，西北则为哈尔滨总车站。

至八站区，则位于道里与傅家甸之间。南北大街有许公路，为道外与秦家岗之孔道。东西有南马路，与许公路成直角，为道里与道外之孔道。

秦家岗与道里之间，有霁虹桥，为其咽喉，下为铁路轨道，电业公司新筑之电车轨道，即经过斯桥，以达道里。

以马路之建筑论，哈埠之一部分马路，可谓独冠华北，凡道里、道外、秦家岗各区，稍著名之街市，均铺以长方石，长约尺许，阔约半尺，厚约半尺。

其筑路法，先坚其地基，次铺以碎石，厚约尺许，各石罅均灌以灰汁，用重量最大之机器轮碾，往复压之，迨拳石平如水面，然后再铺以粗砂，和以灰汁，仍用轮碾压之，往复多次，使沙石合一，此即各都市之普通马路也。此外，再铺以长方块石，则告成功。此种马路，既无尘土飞扬，又免雨天泥泞，且坚固耐久，虽历数年，犹平坦如初，非若普通之土石马路，无风三尺土，有雨一街泥，建筑后未及经年，拳石历历可数，倾侧凸凹者可比也。不佞宦游平津者有年，从未见如是之马路，即日人经营之旅大市街，亦弗逮远甚。至马路旁之水道沟渠，尤称便利，均以石砌成，永无淤塞塌坍之患，虽夏日大雨如注，顷刻间即宣泄无遗，此哈埠之一部路政，所以胜于其他都市也。但僻街陋巷，其龌龊之土路，则又有甚于其他都市焉。

《滨江尘嚣录》

❖ **靳以：** 东方 "小巴黎"

哈尔滨是被许多人称为 "小巴黎" 的。中国人在心目中都以为上海该算是中国最繁华的城市，可是到过了哈尔滨就会觉得这样的话未必十分可信。

自然，哈尔滨没有那种美国式的摩天楼，也没有红木铺成的马路；但是，因为住了那么多有钱的人，又是那么一个重要的铁路交叉点，个人间豪华的生活达到更高快地来了，这为一切中国外国女人所喜欢。在那条最热闹的基达伊斯基大街上，窗橱里都是出奇地陈列了新到的这一类货品。这使女人们笑逐颜开，而男人们紧皱眉头。（有的男人也许不是这样的。）钱像是很容易赚进来，可是更容易花出去。当然，这里也像其余的大都市一样，包含了许多人一辈子两辈子也花不光的财产的富人；又有一爿大的铁路局，直接地间接地豢养了成千成万的人，使这个城市的繁荣永远不会衰凋下来。住在吉林和黑龙江的人希望到哈尔滨走走，正如内地的人想着到上海观光一样。就是到过多少大都市的人，也能为这个都市的一切进展所惊住。

尤其是到过外国的人，走在南岗马家沟道里的街上，会立刻引起对异国的追想。一切都仿佛是在外国，来往的行人也多半不是中国人。我就时常惊讶着，当我走在南岗的居住区的一路上，那样的建筑直使我想起一些俄国作家所描写的乡间建筑。间或有一两个俄国孩子从房里跑出来，更使我想到我不是在中国，轻婉的琴声，如仙乐一样地从房子里飘出来。

多少街上也都是列满了俄国商店，再高贵些的就是法国商店。在那样的街上如果一个人不会说一句中国话，不会感到什么方便；若是不会说俄文，就有处处都走不通之苦。这正是哈尔滨，被人称为"小巴黎"的一个东方都市。

我很喜欢那里以长方石铺成的街路。不像其他的都市一样，用沥青和沙石来造平滑的路，却多半是七寸长五寸方石块来铺路的。当着坐在马车里，马的蹄子打在路上，我十分喜欢谛听着那清脆而不尖锐得厌人的声音，那些路也是平坦的，可并不是像镜子一样的光滑。就是在道外，一条正阳街也是用这样的石块铺成的。

这样的路在冬天经过几月的冰冻之后，可不会就坏掉了，而在夏天，也没有为太阳照得渗出的沥青油来粘着行人的脚。走在这样的路上是爽快的。在深夜我时常喜欢一个人在街心走着，听着自己的鞋跟踏在路上的声音。这样我愈走愈高兴，能独自走着很长的一条路。

▷　基达伊斯基大街（中央大街）

▷　中央大街

跑在街上的车，我最喜欢的是一种叫做斗子车的了。那车是驾了一匹马，拖了一个斗一样的车厢，两旁两个大车轮子，上去的时候要从后面把座位掀起来。我坐到那上面，走在清静的街上，我会要御者把鞭子给我，由我来指挥那匹马行走。但是在繁闹的街市，他就拿过去了，为着怕出危险的缘故。因为没有易于上下的地方，许多人是不愿意坐那样的车，若是出了事会有更大的危险。我却不怕，友人告诉我几次斗子车从南岗下坡滚下来出事的事情，我还常是一个人偷偷地去乘坐，因为我是最喜欢那车子的。

那里的电车比起上海来要好出许多许多，第一就看不见那种习于舞弊的讨厌的售票人。而车中的布置，座位的舒适和我自己所坐过的一些都市中的电车来比较，也是要居于第一位。那上面的司机人和售票人都是初中毕业的青年人，在二十岁左右，穿着合身的制服。没有头等和三等的分别，座位上都是铺了绿绒。乘客是必须从车的后门上来，前门下去，免去一些拥挤。到了每一个停站，售票人用中国话叫一次之后，再用俄文叫一次。他们负责地使电车在街上安顺地驶行。

大汽车也是多的，除开了到四乡去的之外，从道里到道外，南岗、马家沟，都有这样的车。这不是一个公司的营业，可是无数的大汽车联合起来收同一的车价，走着规定的路程，对乘客的人数有一定的限度。更便利的是那些在街上往返走着的小汽车，随时可以停下来，只要花一毛钱，就可以带到很远的地方。

再有的就是马车和人力车，人力车的数量是最少的。

到晚上，哈尔滨的街是更美丽的。但是在这里我要说的街是指基达伊斯基大街和与它连着的那些条横街。

无论是夏天和冬天，近晚的时节，在办公室的和家中的人就起始到街上来。只有饮食店、药店是还开着时，其余的商店都已锁好了门，可是窗橱里却明着耀眼的灯。那些窗饰，多是由专家来布置，有着异样引人的力量。渐渐地人多起来了，从左面的行人路顺着走下去，又从右面的行人路上走回来。大家在说着话，笑着沿着这条街往返地散着步。在夏天，有拿了花束在贩卖的小贩，那些花朵照在灯光之下，像是更美丽一些。到了冬天，却是擦得发

▷　民国哈尔滨街头电车

▷　街头卖鲜花的小贩

亮的红苹果，在反衬着白色的积雪。相识的人遇见了，举举帽子或是点点头，仍然不停止他们的行走。有一段路，伫立了许多行人，谛听着扩大器放出来的音乐。在工作之余，他们不用代价而取得精神上的粮食。

在一些横的街上，是较为清静一些，路灯的光把树叶的影子印在路上，衰老的俄国人，正在絮絮地说着已经没有的好日子。在那边遮在树影下的长凳上，也许坐了一对年轻人，说着年轻人的笨话，做着年轻人的笨事。在日间也许以为是丑恶的，可是美丽的夜，把美丽的衣裳披在一切的上面，什么都像是很美好的了。

《哈尔滨》

❖ 瞿秋白：哈尔滨四日之闻见

哈尔滨有滨江道道尹署，附设交涉署，以下就是县知事署。以前哈尔滨，是俄国的码头，另有俄国租界，现在领事署取消，俄界收回中国警察厅自己管理。目前的市政很糟，街道污秽不堪，年久不修，石块纵横，车马来往很不方便。地方行政也很坏，晚上八九点钟以后，稍僻静的街道就不能独行。前两天大街上的商铺里居然出抢案。附近一带盗匪甚多，警察办得又不得法，自然地方上的秩序不会好了。俄国领事裁判权已实行收回，中俄人诉讼都归审判厅裁判。

哈尔滨以前的商业很盛，欧战以来，俄国内乱，金融一紧，就大不如前了。然而始终以商界为中心，商会在本地很有势力。以前市面上以俄国卢布做单位（中东路买票也用卢布），直到今年三四月间改用中国大洋。哈尔滨中交两行所发钞票都能通用，并且发行辅币纸票从一毛至五毛，毛钱以下还用一种有孔的铜元作大洋一分。日本银行的老头票（即金票），也可以通用，价格比大洋稍低。大概中国人使用大洋，外国人使用老头票。所有银钱来往，完全以大洋计算，没有别的货币混淆，日本钞票的价格也不十分混乱。以前俄国人都用卢布，现在卢布低落到极点，并无行市可言，市面上也不能通用了。听说满洲里卢布价格更低——愈往北愈低。俄国人在中国的经济势力，完全打破了。

哈尔滨中国自己办的教育很不发达。俄国自己有学校，有一个霍尔瓦特中学，最老的是商业学校，中国人进去的很少。新近又有一个工业学校兼收中国学生。此地的文化很低，书铺里除《七侠五义》、《水浒》等旧小说外，竟没有别的书，商务印书馆也只有几本教科书罢了。外埠的报纸来得少，只有人家单定的，街上要想买一份上海报北京报都没有，各种新杂志是更少了。

本地中文报纸有四种，达（远）东、东陲、日讯商报、国际协报，就中以远东报为最老。他是以前中东铁路一派的俄国人的机关报，开办很早，是东三省第一家报馆，内容却甚不高明。日文报只有三种：（1）哈尔滨新闻，（2）西伯利亚新闻，（3）北美洲。俄文报有五种：（1）民声（Kusshiy Golos）是旧派的报，（2）新生活（Novosty Gizni）是俄国商人的报，可以算是中立派，（3）前进报（Vpered）是新党报，（4）霞报（晚报）（Zaria）是偏于新派的，（5）世界新闻（Sviet）是旧派的。中文报的销路都不很广，仅仅限于本地。日文报及俄文报却能销到外埠，而且中文报的内容都不大高明。

哈尔滨生活程度之高，异乎平常。有人说可算是中国各地之冠，房饭都贵。哈尔滨地皮本来价高，所以一间极小极坏的市房现金每月至十四元。我有一个同学住在一所极糟的栈方赁一间小屋，每月二十四元。平常小馆子里吃饭极坏极龋龃的，都要两毛一碟。我曾经问一个擦鞋匠，他所住的棚子每月一元五毛房金，吃饭一天要三毛大洋。出房坐车车钱起码一毛，简直可以说此地是以毛钱为单位，生活程度之高，也就可想而知了。因此却发生一种较好的现象：游手好闲的流氓很少，因为无事业的人不容易在此过活。

哈尔滨中国人约十余万，听说只有一万多女人，其中却有七千多人以卖淫为生，这句话不知道确不确。然而有一种很奇怪的事情，我们到此四

▷　霍尔瓦特中学

▷　商业学校

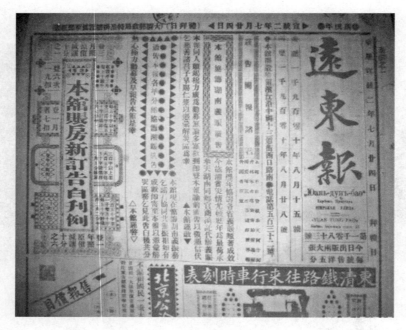

▷ 远东报

▷ 日本商铺

天，每天上街看不满十个中国女人。并且哈埠澡堂里的盆汤，有一个特别用语，叫做"男女两便"——男女可以相约同去洗澡，风俗的坏可见一斑。

日本人在哈埠有五千余人，却也很有势力。满街插着日本旗的汽车、红十字会车、兵车，触目皆是。有日本的银行（朝鲜银行、龙口银行等），有日本的剧院三处，其余饭馆、旅馆、理发馆、大商铺，触目皆是。现在俄国人的势力衰微，日本人的势力一天盛似一天了。俄国人非常之多，满街都是。俄国人的商业，虽不发达，然而俄国内乱之后，逃到中国来的人很多，很阔的人也有，很穷的人也有。极穷困的俄人，各处都可以遇见，马车夫、汽车夫也有俄国人。满街只看见穿着褴褛不堪的俄国人，也有穿中国下等人的破衣服的。极污秽极坏的中国小饭馆，也有俄国人去吃饭。我们坐着一辆马车，马夫是俄国人，穿着一件无面子的油污的皮统子。付车钱的时候，他还说："这是小买卖，多赏些。"所以此地的中国人看着俄国人不当什么一回事，贩夫走卒都会说几句俄国话。以前俄国人有势力的时候，很欺侮中国人，感情稍坏。现在俄人气焰已衰，彼此亦相安些。俄国人在此，报纸亦有五种，新旧党都有，人数又很多，所以各种组织都有。剧院、旅馆、饭馆、大公司、商铺、小店家、马车夫、汽车夫俄国人亦不少。中俄交际很繁，两国人民的交接亦很密切，现在哈尔滨差不多变成旧俄党的遁逃薮，将来是否没有危机，殊不敢断言。

我还有一种感想，中国人与欧洲人交接，如上海、天津、广州等处，英、法、美、德的人大半是上流社会的，彼此交际总有虚伪的礼节掩饰隔阂。至于北边中国人与俄人的交际真是赤裸裸的，容易了解俄国民情的真相，不至于"敬之如神明，恶之如蛇蝎，欺之如鹿豕"，而他们下流社会的实在情况也完全暴露了。我们应当研究彼此互受的影响是怎样。可以由两国有知识的人组织团体，做些公益事业，一方面养成中国人的组织能力，一方面防止他们下流社会中相互的恶影响。

这是我们到哈尔滨四天以内的见闻琐事，不能做有系统的调查记载，对于读者是很抱歉的。

《哈尔滨四日之闻见》

图书在版编目（CIP）数据

老哈尔滨 / 韩淑芳主编 . — 北京：中国文史出版
社，2018.1

ISBN 978-7-5034-9690-5

Ⅰ . ①老… Ⅱ . ①韩… Ⅲ . ①哈尔滨— 概况 Ⅳ .
①K923.51

中国版本图书馆CIP数据核字（2017）第260754号

责任编辑： 张春霞　李军政

出版发行：中国文史出版社

社　　址：北京市海淀区西八里庄路69号院　邮编：100142

电　　话：010-81136606　81136602　81136603（发行部）

传　　真：010-81136655

印　　装：北京温林源印刷有限公司

经　　销：全国新华书店

开　　本：710mm×1010mm　1/16

印　　张：19　字数：272千字

版　　次：2018年2月第1版

印　　次：2021年4月第2次印刷

定　　价：46.80元